노동자자주관리기업
우진교통 이야기

노동자자주관리기업
우진교통 이야기

초판 1쇄 발행	2018년 10월 26일

지은이	강수돌
편집	김영미
표지디자인	정은경디자인

펴낸곳	이상북스
펴낸이	송성호
출판등록	제313-2009-7호(2009년 1월 13일)
주소	03970 서울특별시 마포구 성미산로 5길 72-2, 2층.
전화번호	02-6082-2562
팩스	02-3144-2562
이메일	beditor@hanmail.net

ISBN 978-89-93690-57-6 (03320)

이 도서의 국립중앙도서관 출판예정도서목록(CIP)은 서지정보유통지원시스템 홈페이지
(http://seoji.nl.go.kr)와 국가자료공동목록시스템(http://www.nl.go.kr/kolisnet)에서
이용하실 수 있습니다.(CIP제어번호: CIP2018032727)

* 이 도서는 한국출판문화산업진흥원의 출판콘텐츠 창작자금 지원 사업의 일환으로 국민체
 육진흥기금을 지원받아 제작되었습니다.

노동자자주관리기업

우진교통 이야기

소유에서 존재로,
경영 패러다임의 전환!

강
수
돌

이상
북스

망해 가던 회사가 어떻게
일하는 사람들의 희망이 되었나

내가 '노동자의 희망을 실천한다!'고 강조하는 우진교통을 처음 알게 된 것은 2005년 봄이다. 당시 서원대학교 김정기 총장님을 통해서다. 김 총장은 우진교통 주식 50퍼센트를 갖고 있었다. 대학 교수가 주식 부자라니? 얼핏 이상하게 들리지만 결코 부자여서가 아니었다. 그것은 2004년 당시 우진교통이 지독한 경영난과 악성부채에 시달리고 심지어 월급까지 체불하자 급기야 노동자 파업이 일어났던 사태와 연관된다. 171일간의 파업은 기존 사업주가 경영권을 포기하며 마무리됐다.

그런 상황에서 노동자들이 체불임금은 나중에 해결하기로 하고 우선 죽어가는 회사를 살리기로 결의한다. 너도 나도 '있는 돈 없는 돈' 보태어 1인당 500만 원씩 출자해 '노동자가 주인인 회사'를 만들자는 것이었다. 그렇게 어렵사리 노동자자주관리기업 우진교통이 탄생했다. 우선 주식의 50퍼센트는 공익 대표자인 김정기 총장에게 신탁하고 나머지 50퍼센트는 점차 우진교통 노동자들이 출자 내지 소유하는 방식으로 추진했다.

사실 당시 나는 나대로 정신이 없는 상황이었다. 내가 사는 조치원 시골 마을에 비밀리에 토지 용도변경이 이루어져 불법적인 고층 아파트 단지가 들어선다는 말을 듣고 사태의 진상을 찾아가며 마을 공동체 지키기 운동에 막 나선 참이었다. 그래서 나는 조치원과 인근 지역의 명망가나 활동가들에게 연락하며 이 문제성 많은 사업을 가로막기 위해 동분서주했다. 그 와중에 예전부터 존경하던 역사학자 김정기 총장께 도움을 청한 것이다.

그렇게 김정기 선생님과 인연이 좀 더 깊어지는 과정에서 나는 우진교통의 존재와 그 특수한 고난 극복의 과정에 대해 보다 자세히 알게 되었다. 우진교통이 자주관리기업으로 탄생한 지 1주년 되던 날(2006년 1월 20일), 나는 김 총장과 함께 직접 우진교통에 가서 축하인사를 하며 현장 노동자들과 김재수 대표, 지희구 실장을 만났다. 우진교통 사례는 경영학, 그 중에서도 인사·조직이나 노사관계를 연구하는 내게 너무도 생생한 모범사례, 아니 '신선한 충격'이었다.

그뒤 나는 '노사관계론'이나 '기업과 사회' 같은 수업에서 학생들에게도 신선한 충격을 선사하기 위해 '우진교통 사례 특강'을 조직했다. 감사하게도 김재수 대표와 지희구 실장이 흔쾌히 특강을 수락했고, 특강 때마다 늘 같이 오셨다. 심지어 노조위원장까지 대동하셨다. 학생들은 한국식 자본주의 사회에서 어떻게 우진교통과 같은 사례가 가능한지, 특히 인간성과 효율성을 어떻게 조화할 수 있는지, 나아가 우진교통 같은 모범사례를 온 사회에 어떻게 확산할 수 있을지 등에 대해 큰 관심과 호기심을 갖고 다양한 질문과 나름의 생각을 진지하게 이야기했다.

이제 우진교통이 노동자자주관리기업으로 출발한 지 10년이 훌쩍 넘었다. 그동안 회사는 많이 성장했고 노동자들의 만족도나 자부심도 대단한 편이다. 우진교통이 위치한 충청북도 청주시의 다른 버스회사 노동자들은 우진교통을 은근히 부러워한다고 한다. 한편 나자신은 물론 내가 가르치는 학생들도 우진교통 사례에 대해 좀 더 자세히 알고 싶고, 이 같은 모범적인 기업이 온 나라에 널리 퍼지기를 바란다. 아직 우진교통에 대해 잘 모르는 사람들이 많다.

바로 이런 점에서 나는 우진교통 10여 년의 경험을 하나의 책으로 정리할 필요를 느꼈고, 우진교통의 경영진 역시 백서 발간의 필요성을 느끼고 있었다. 2016년 가을, 나의 '노사관계론' 수업에 특강을 하기 위해 고려대를 방문한 김재수 대표와 지희구 실장께 그런 내 생각을 전했더니 '마침 잘되었다'며 반기셨다. 그뒤 2017년 1월 13일의 자주관리위원회에서 '우진교통 백서 제작에 관한 건'이 정식 논의되어 백서 발간이 결정되었다. "노동자의 희망을 실천하는 대안적 기업 모델로서 그 의미가 매우 크며, 가치의 보존을 위해 기록으로 정리하는 것이 필요하다"는 것이 나와 회사가 공유했던 인식이다.

게다가 나는 2017년 1월 24일, 청주 우진교통에서 진행된 자주관리위원 교육에 특강 강사로 참여했다. 그 자리에서 나는 우진교통에서 시행하는 자주관리 경영방식이 단순히 한국에서만이 아니라 세계 경제의 흐름 속에서도 얼마나 중요한 의미가 있는 것인지, 특히 여러 모로 닥쳐온 고난들을 주체적으로 극복하면서도 노동자가 행복한 회사를 스스로 만들어낸 우진교통 노동자들이 얼마나 멋진 사람들인지 강조하며 참여와 협동, 연대와 소통의 원리가 노동자의 희망이고 온 사회의 희망임을 강조했다.

강의 직후 김재수 대표와 박진하 이사, 지희구 실장 등과 간단한 대화를 나누며 나는 곧 백서 집필 작업에 착수하기로 했다. 그 핵심 내용은 경영혁신과 조직문화, 그리고 자치노동이다. 즉 우진교통만의 독특한 문화가 새로운 경영 패러다임의 기초가 되고 있다. 이 책은 새로운 경영을 갈구하는 일반 시민, 노동자, 학생 들을 위한 것이다. 특히 사업주나 직장상사의 '갑질'에 시달리는 직장인은 물론 인간존중 경영을 고민하는 대학생들에게 이 책은 신선한 대안의 실마리를 선사할 것이다.

이 책에서 나는 동일한 경영 환경 속에서도 전략적으로 어떤 식의 조직 혁신을 추진하는가에 따라 경영성과가 현저히 달라진다고 본다. 특히 나는 우진교통의 조직 혁신이 갖는 독특한 역동성(dynamics)에 주목했다.

과연 이 역동성은 어디서 나올까? 결국 그 역동성은 '사람'으로부터 나온다. 사람과 사람이 일상적으로 부대끼며 함께 느끼고 함께 울고 웃는 과정들, 때로는 서로 맞장구를 치고 때로는 갑론을박을 벌이는 과정들이 모두 조직의 역동성으로 이어진다고 보는 것이다.

특히 나는 '긍정적 집단기억'(positive collective memory)을 강조한다. 그것은 우진교통의 모든 구성원이 합심 단결해 경제적·사회적·정치적 역경을 극복해 냈다고 하는 집합적 경험과 기억이 노동자 자주관리라는 혁신경영의 근본 토대라고 보기 때문이다. 원래 이는 프랑스의 사회학자 모리스 알박스(Maurice Allbwachs)가 제시한 '집단기억' 개념에 근거한 것으로, 집합적 경험이 현재의 사고와 행위에 지속적인 영향을 미친다고 본다.

다음으로 나는, 조직 구성원들이 공유한 노동에 대한 가치와 태도, 그리고 변혁적 리더십이라는 두 측면이 생산적으로 결합되면서 조직 내에 '내재적 동기부여'를 촉진한다고 본다. 여기서 내재적 동기부여란 사람들이 돈이나 상벌, 타자의 시선과 같은 외적 요인이 아니라 일 자체의 기쁨과 보람, 의미와 재미, 사명감과 책임감 등에 기초해 움직이는 것이다. 물론 사람이 살아가고 조직이 운영되는 데는 외재적 동기와 내재적 동기가 모두 작용하지만, 그 중에서도 내재적 동기가 더 근본적이며 지속적이다. 내재적 동기에 의해 움직일 때 우리는 진정 자유로워질 수 있다. 자유(自由)란 '스스로 말미암는' 것으로, 외부의 힘이 아니라 내면의 힘에 의해 움직이는 것이기 때문이다.

여기서 유의할 것은 우진교통의 혁신적 성과가 아무 우여곡절 없이 일사불란하게 이뤄진 것이 아니란 점이다. 오히려 오늘의 우진 교통 조직문화를 돋보이게 만든 원천은 역설적으로 파업, 농성, 가두 투쟁, 갈등, 분열, 불화 등 '피눈물 나는 과정' 속에 있다고 보는 것이 옳을 것이다. 다시 말해 전술한 내재적 동기에 충만한, 살아 있는 사람들이 주종을 이루고 있기 때문에 비록 외적 요인에 의한 혼란과 위기, 그리고 내적 분열에 따른 파벌과 아집, 이해관계 등이 조직의 응집성을 떨어뜨리는 경우가 있더라도 그때마다 대체로 슬기롭게 역경을 딛고 일어나 오히려 조직의 건강성을 한층 강화할 수 있었다. 그리고 이 '피눈물 나는 과정'은 또다시 긍정적 집단기억으로 이어져 노동가치 공유에 기초한 변혁적 리더십과 함께 자주적 참여경영 문화를 한 걸음 진전시키는 선순환을 만들어낸다.

이렇게 긍정적 집단기억, 노동가치 공유, 변혁적 리더십, 내재적 동기부여라는 네 기둥 위에 우뚝 서 있는 것이 곧 자주관리 경영이다. 그리고 바로 이것이 노동자의 자부심, '우진교통'의 혁신적 노동 문화를 일관되게 설명하는 이론 모형이다. 이 역동적 조직 혁신이야 말로 인간성(humanity)과 효율성(efficiency)이라는 두 마리의 토끼 (경영성과)를 동시에 잡을 수 있는 비밀이 아닐까 생각한다. 이런 점에서 나는 우진교통의 실험과 실천이 다른 많은 기업과 노동자, 그리고 시민과 학생 들에게 상당한 영감을 줄 것이라 확신한다.

그간 이 책의 집필 과정에서 무한한 신뢰와 마음의 지원을 해주신 김재수 대표님과 지희구 실장님, 김정기 전 총장님, 그리고 인터뷰에 응해 주신 분들을 비롯해 우진교통의 300여 가족들, 그리고 자료 정리에 도움을 준 고려대 대학원 조규준, 노관종 군에게 깊이 감사한다.

노동자의 희망, 우진교통이여, 영원하라!

2018년 10월
세종시 고려대 연구실에서
강수돌

0

이런 회사, 좀 더 많이 만들 수 없을까?

우진교통 승리 자축 한마당(차고지 투쟁 승리, 2009).

노동자가 주인인 회사

- 노동자들이 사장이나 임원을 직접선거로 뽑는다.
- 회사 대표와 노조 대표의 월급이 비슷하다.
- 한 달에 한 번씩 경영팀이 노동자들 앞에서 경영설명회를 열고 토론을 한다.
- 노동자 대표들이 주요 의사결정 과정에 당당하게 참여한다.
- 일상적 노동과정도 자율적인 현장팀 단위로 계획하고 실행한다.
- 주식의 절반은 공익 인사가, 나머지 절반은 노동자들이 공동 소유한다.
- 회사 전체 차원의 중요 안건은 직원 총회에서 총의를 모은다.
- 수익금의 일부는 재투자에 사용하고 나머지는 직원 복지에 쓴다.
- 회사가 제공하는 서비스가 고객 및 지역사회에 도움이 되도록 노력한다.
- '우리' 회사만의 발전을 꾀하기보다 다른 회사들도 함께 발전하도록 연대한다.

이런 회사, 과연 실제로 가능할까? 가능하다. 비록 쉽지는 않지만 이미 존재하고 있다. 이 책에서 다루려는 회사가 바로 그중 하나인 우진교통(주)이다. 충북 청주시에 있다. 주식회사 우진교통, 하지만 노동자들은 이렇게 부른다. 노동자 자주관리 회사 우진교통! 사훈은 '노동자의 희망을 실천한다!' 그리고 '공동체의 희망으로 행복을 만든다'이다. 놀랍지 않은가?

주식회사라는 상법상의 형태에도 불구하고 우진교통은 엄연히 노동자자주관리기업이다. 노동자가 주인인 회사라는 말이다.

"아니, 노동자가 주인이라니? 그런 게 어디 있어?"라고 말할지 모르겠다. 있다. 국내만 해도 우진교통만이 아니라 키친아트, 해피브릿지, 쿱택시, 달구벌버스, 삼성교통, 진주시민버스 등 제법 여럿 있다.

해외에도 있다. 더 많다. 1950년대 이후만 보더라도 유고슬라비아의 자주관리, 스페인 몬드라곤 협동조합, 1970년대 이탈리아·프랑스·포르투갈·영국·칠레, 그리고 2000년대의 아르헨티나에서의 노동자 기업 인수 운동,[1] 미국 오하이오 주 에버그린 협동조합 실험 등에 이르기까지 다양한 모습을 띠고 발전해 왔다. 더 이상 노동자들이 자본주의적 관리 대상도 아니요 사회주의적 감시 대상도 아닌, 스스로 결정하고 책임지는 경영의 새로운 패러다임을 실천하고 있는 것이다.

---

[1] 허석렬, "노동자 통제 운동의 두 경로: 아르헨티나와 베네수엘라", 〈참세상〉, 2014. 12. 30.; 허석렬, "아르헨티나의 기업 회복 운동과 노동자 통제", 〈사회과학연구〉 29(1) (2012), pp. 267-289.

"그런 거 '빨갱이 기업' 아닌가요?" 이렇게 물을 수도 있을 것이다. 그러나 '빨갱이'라는 용어 자체가 이미 프레임 전쟁을 암시한다. 즉 자본주의 이윤 경쟁 기업을 지당한 것으로 전제한 위에서 그 프레임과 다른 것을 죄다 '빨갱이'라고 몰아가며 배척하는 것이다. 세상을 지나치게 단순화하는 흑백 논리요, 자기만 옳다고 보는 독선적 사고의 소산이다.

그러나 현재 우리들 대부분은 자본주의 이윤 경쟁 기업 속에서 얼마나 행복하게 살고 있는가? 매월 월급날만 손꼽아 기다리며, 또는 승진하는 그 날을 학수고대하며, 사업주나 상사의 '갑질'을 얼마나 참고 견디고 있는가? 성과급 몇 푼 더 받겠다고 동료들과 얼마나 힘겨루기를 하고 있는가? 당장 때려치우고 싶은 마음이지만 '목구멍이 포도청'이라 얼마나 많은 수모와 모욕을 참고 있는가? 이렇게 굴욕감을 참고 사느니 차라리 죽어버리는 게 낫지 않을까 하는 충동마저 얼마나 자주 느끼며 사는가? 혹시라도 이 땅에 사람을 사람답게 존중해 주는 기업은 없을까? 진짜 세상에 하나도 없는 것일까?

이 책은 바로 이런 의문을 품고 있는 이들에게 희망의 실마리를 보여준다. 아무리 힘들어도 제발 스스로에게 더 이상 폭력을 가하지 말자. 아니, 새로운 개념을 배우고 새로운 현장을 알게 되면 우리는 새로운 희망을 만들 수 있다.

물론 오늘의 우진교통이 있기까지 결코 순탄한 길만 있지는 않았다. 171일 동안의 파업투쟁으로 악덕 경영진을 물리치고 노동자 회사를 세웠으며, 회사의 장기적 발전보다 당장 자신의 이익을 찾고자 했던 일부 구성원들과도 격렬한 법적 싸움을 해야 했으며, 도시 택지 개발의 광풍 속에서 잃어버릴 뻔 했던 차고지를 수호하기 위해 몇 개월을 농성해야 했다. '산 넘어 산'을 넘어야 했던 집단기억으로 인해 우진교통 구성원들의 정서는 다른 직장과 사뭇 다르다. 그래도 그 모든 과정을 성공적으로 이겨냈기에 우진교통 구성원들은 '긍정적 집단기억'을 많이 공유한다.

"다른 회사에서 더 많은 월급을 준다고 오라고 해도, 그 어렵던 시절 큰 도움을 주었던 회사와 동료를 배신할 수 없어 그냥 이 회사에 남기로 했어요"라고 말하는 조리장이 일하는 곳이 바로 우진교통이다.

"회사를 지키기 위해 농성 투쟁하는 와중에 젖 달라며 배고파 우는 우리 집 아기들에게 분유 값 아끼려고 물을 좀 더 많이 넣어 묽게 타서 주었는데도 배가 고프니까 꿀떡꿀떡 잘도 먹더라고요"라며 눈물겨운 회고를 하는 노동자들이 있는 곳이 곧 우진교통이다.

"악덕 기업주와 싸울 때보다 더 참담했던 것이, 새로 출발한 회사의 장기적인 발전보다 단기적으로 자기 이익을 먼저 챙기려는 일부 구성원들이 회사를 상대로 가압류를 걸고 그랬을 때죠. 하지만 다른 구성원들이 '6개월 동안 월급을 못 받는 한이 있더라도 가압류부터 풀고 보자'라며 스스로 인고의 세월을 견뎌냈던 거죠. 그때만 생각해도 가슴이 먹먹해집니다"라고 말하는 곳이 우진교통이다.

이런 식으로 우진교통의 전 구성원들은 '행복한 일터'를 만들기 위해 조직 내외의 여러 도전들과 몸으로 맞서 싸워야 했다. 그렇게 벌써 13년이 흘렀다. 노동자 1인당 매출생산성이나 1일 대당 수익금 차원에서 13년 전과 비교해 상당한 향상을 이루었다. 노동자들의 직무만족도나 생활만족도도 현저히 높아졌다. 한마디로 '신바람 나는 일터'가 된 것이다.

물론 우진교통 역시 수많은 난관 앞에 서 있다. 갈수록 주요 고객인 학생들이 줄어들고 버스 이용 승객수도 줄어든다. 연료값은 올라가고 여타 일반 관리비도 올라간다. 현재의 민영제 구조로는 수지를 맞추기 어렵다. 시·도 당국의 보조금 없이는 사실상 운영이 어려울 정도다. 대안으로 준공영제 내지 완전공영제가 바람직하지만 그것도 하루아침에 되는 일은 아니다. 현실적인 대안으로 준공영제가 거론된다.

내부 구성원들도 100퍼센트 같은 생각을 갖고 있진 않다. 현재의 주식회사 형태와 자주관리 경영방식이 영원히 지속되긴 어렵다. 지분의 50퍼센트 이상을 쥔 누군가가 '다른' 마음을 먹는 순간 자주관리는 또다시 허공으로 사라질 수도 있다. 이런 맥락에서 현재 우진교통 구성원들은 협동조합 형태로 전환하는 길을 모색하고 있다. 오늘날 10만 명 가까운 구성원들로 운영되는 협동조합 중의 협동조합인 스페인의 몬드라곤은 아마도 우진교통의 이상형일 것이다. 한국과 같은 재벌중심형 경제구조에서는 언감생심일지 모른다. 하지만 우진교통은 '산 넘어 산'을 넘는 과정에서 차곡차곡 쌓아온 조직적 연대감과 긍정적 집단기억을 통해 부단히 진화해 나갈 것이다.

이런 면에서 우진교통의 자주관리 경영 실험은 결코 '자본주의 이윤 경쟁'에 목을 매는 회사도 아니요, 그렇다고 '사회주의 계획 경제'에 따라 자동 복종하는 회사도 아니다. 오로지 노동자가 즐겁게 일하고 행복하게 살 수 있는 터전을 스스로 만드는 것이 유일한 목표다. 사훈이 '노동자의 희망을 실천한다!' 그리고 '공동체의 희망으로 행복을 만든다'인 것도 바로 그런 까닭이다.

그렇다면, 이제 당신도 이런 회사에서 일하고 싶지 않은가? 아니, 우리도 이런 회사를 만들 수 있다고 꿈꾸지 않겠는가?

1

부실경영과 임금체불, 그리고 생존권 투쟁

2004년 파업 당시 우진교통 및 민주노총 충북본부 연대 투쟁.

우진교통 노동조합 생존권 사수 가두투쟁.

경영의 대상에서 경영의 주체로

우진교통 홈페이지(http://www.wjbus.co.kr)에 들어가면 이런 소개
말이 뜬다. 노동자자주관리기업 우진교통의 탄생 배경이다.

> 우진교통이 노동자자주관리기업으로 새롭게 인사드립니다. 171일
> 간의 장기 파업으로 인해 청주시민, 청원군민들께 많은 교통 불편을
> 드린 점 머리 숙여 사과드립니다. 또한 장기 투쟁 동안 저희 우진교
> 통 노동자들에게 보내주신 지지와 성원 진심으로 감사드립니다. (…)
> 저희 우진교통은 노동자자주관리기업으로서 노사가 한마음 한뜻으
> 로 청주에서, 아니 전국에서 제일 모범적인 시내버스회사로 거듭날
> 것을 다시 한 번 약속드립니다. 시민 여러분들의 더욱더 많은 질책
> 속에서 신뢰받고 사랑하는 노동자자주관리기업 우진교통(주)을 만
> 들겠습니다. (2015. 1)

'노동자에게는 복지를, 시민에게는 안전한 교통을' 선사하는 노
동자자주관리기업 우진교통(주)이 이런 정신을 가진 회사로 변모하
기까지 수많은 장애물이 있었다.

원래 우진교통은 2001년 1월 8일, 기존의 대화운수(1979년 1월 설
립)와 동원교통(1980년 2월 설립)을 통합해 만든 청주 최대의 시내버스

업체였다. 하지만 그 직후부터 약 4년 동안 노동자들이 제날짜에 임금을 받은 것이 단 두 번밖에 되지 않는다. 2004년 7월 파업 전까지 매년 15-20억씩 적자였고, 자본금을 포함해 60여 억 원이 증발됐다. 그 와중에 회사가 차고지까지 매각하려 한다는 소문이 돌자 노동자들은 더 이상 참지 못하고 일어섰다.

기존 경영진의 부실한 운영으로 회사는 결국 부도가 났고, 2004년 봄을 지나면서 두 달 동안 240명이 넘는 직원들 임금 60여 억 원이 체불됐다. 더 큰 문제는 직원들의 퇴직금조차 한 푼도 적립되지 않아 30여 년 근무한 직원의 경우 1-2억 원의 퇴직금을 날릴 상황이란 것이었다.[1]

하루 종일 시키는 대로 성실히 일해 봤자 제날짜에 월급 한 번 못 받는 회사, 게다가 나이 들어 퇴직을 하려 해도 땡전 한 닢 받을 수 없는 회사, 이런 곳에서 과연 그 누가 열심히 일을 하겠는가? 240명이 넘는 노동자들은 생존권 위기 앞에 가만히 당할 수만은 없었다.

당시 노동조합은 한국노총 소속으로 회사 측과 '원만한' 관계를 유지하며 노사 협력과 공동 번영을 위해 노력해 왔으나 시간이 갈수록 회사 측이 노동자를 동반자로 여기지 않는다는 사실을 깨달았다. 이런 점은 이 세상 어느 사업장 가리지 않고 특히 '경영 위기'가 닥쳤을 때 확연히 드러난다. 사람들도 '어려울 때' 그 본연의 인간성이 잘

---

1 충북인뉴스, "1년 안에 망할 뻔한 버스회사, 어떻게 '연구 대상' 됐나", 〈오마이뉴스〉, 2017. 8. 4.

드러난다고 하지 않던가.

요컨대 두 달 연속 임금체불 등 생존권 위기에 직면한 우진교통 240여 명의 노동자들이 2004년 7월 24일에 '생존권 투쟁', 즉 파업을 개시했다. 이에 회사 측은 신의와 성실의 원칙으로 교섭과 협상에 나서기는커녕 한 달 간 버티다가 직장폐쇄로 맞섰다. 합리적 해결을 외면한 것이다. 이에 분노한 노동자들이 생존권 투쟁을 이어가, 결과적으로 총 171일간의 파업투쟁을 전개했다. 2004년 7월 24일부터 시작된 생존권 투쟁은 더운 여름을 넘기고 가을과 겨울을 거치며 해를 넘겨 2005년 1월 10일까지 이어졌다. 그리고 마침내 171일째 되던 날 기존 경영진이 굴복했다.

마침내 2005년 1월 10일 '노사 합의'에서 기존 경영진은 우진교통 경영에서 완전히 손을 떼고, 즉 경영권을 노동조합과 노동자들에게 완전히 넘겨주고 주식의 50퍼센트를 양도했다. 대신 노동자들은 경영권과 함께 부채(약 150억 원)까지 넘겨받기로 했다.

이때 양도받은 50퍼센트의 주식은 인품과 학식 면에서 우진 노동자들의 신임을 두루 받고 있던 김정기 당시 서원대 총장에게 신탁했다. 240여 노동자들이 일종의 '사회적 소유' 방식을 택함으로써 우진교통 내 특정 개인이나 그룹이 회사의 근간을 건드릴 수 없도록, 즉 '공동체 정신'의 구심으로 삼고자 한 것이다.

저희 같은 경우에 소유 구조가 처음 출범할 때 (노조에서 인수할 때) 50% 주식 무상양도를 받았다. 이 50%를 구성원 모두에게 나눠주면

〈표 1〉 우진교통의 주식 소유 구조(2005-2018)

주식 종류	주식 성격	시점별 주식 수(비율, %)		
		출범-2008. 12.	2012. 12. 31.	2018. 1. 31.
자주관리 주식	공동체 정신의 모태 (공익 인사 신탁)	145,000(50)	145,000(50)	145,000(50)
구성원 분배 주식	경영권 안정화 위해 외부에서 매입 (2006년)	26,360(9.09)	30,300(10.45)	17,000(5.86)
출자 전환	체불 금품 출자전환 (2004, 2008년)	117,013(40.35)	103,299(35.62)	82,878(28.58)
회사 보유 주식	회사 자체 보유 주식	1627(0.56)	11,401(3.93)	30,722(10.59)
신입사원 신규 주식	신입사원 출자 및 주식 매입			14,400(4.97)
총 주식 수(%)		290,000(100)	290,000(100)	290,000(100)

＊자료: 우진교통 자주관리실.

지분율이 낮아져 50%를 1인에게 묶어두는 게 좋겠다는 생각에 신뢰할 수 있는 제3자인 김정기 전 서원대 총장에게 신탁한 상태이다. 이 주식은 전체 구성원의 결정이 없는 한 양도양수가 불가능한 주식이다. 50% 주식의 공동 소유가 저희의 기본 공동체 정신이다.[2]

---

2 지희구 자주관리실장의 말, 김하영, "0.1% 자본주의를 대체할 99.9%의 협동경제", 〈프레시안〉, 2012. 2. 22.

그뒤 경영권을 갖게 된 직원들은 그야말로 회사의 주인이 되었다. 이제 더 이상 경영의 대상이 아니라 경영의 '주체'가 된 것이다. 이제 돈 많고 권력 많은 '외부'의 그 누가 지시하고 명령하는 것이 아니라 바로 노동자 스스로 계획하고, 결정하고, 시행하며, 책임지는, 명실상부 노동자자주관리기업으로 재탄생한 것이다.

그리하여 거의 죽어가던 회사를 살리기 위해 240여 노동자들은 합심 단결해 초기 운영자금으로 1인당 500만 원씩 출자했다. 171일 동안 피와 땀과 눈물을 같이 흘리며 지켜낸 일터, '우진 공동체'를 활기차게 살려내기 위해서였다. 비유하자면, 교통사고로 머리에 피를 흘리며 쓰러진 사람에게 긴급 수혈을 해서 다시 일어설 수 있게 만드는, 절체절명의 과정이었다.

이렇게 해서 드디어 2005년 1월 20일, 노동자자주관리기업 우진교통㈜이 탄생했다. 그러나 여기에 그치지 않고 출범 이후에도 일부 직원들은 주식 9.09퍼센트를 추가로 인수했고, 40퍼센트 이상의 주식은 체불금품을 출자전환했으며, 나머지 주식도 회사 차원에서 인수함으로써 마침내 기존 경영진들로부터 모든 주식을 양도받았다.

눈물겨운 생존권 투쟁 171일

우진교통의 '생존권 투쟁'이란 대체 무엇이었던가? 그 투쟁 과정에 비대위원으로 적극 참여했던 염갑수 씨가 2013년 3월에 작성한 〈투쟁일지〉를 중심으로 눈물 나는 고난 극복의 과정을 들여다보자.[3]

우진교통(주)은 (주)대화운수(1979년 1월 설립)와 (주)동원교통(1980년 2월 설립)이 통합되어 탄생했다. 동원교통은 박OO 사장의 온화한 성품과 인자함으로 주주들과 승무원들로부터 원만하다는 평가를 받으며 안정적으로 운영되었다. 그러나 박 사장이 교통사고로 갑자기 사망하자 주주들이 두 부류로 나뉘어 서로 자기편 사람을 대표이사로 만들기 위해 싸우기 시작했다. 회사는 급속도로 흔들렸다.

우여곡절 끝에 후임 대표이사로 윤OO 씨가 선임되었으나 박 사장을 중심으로 뭉쳐 있던 주주들과 마찰이 잦았다. 회사는 하루도 조용한 날이 없었다. 집안싸움으로 정상적인 회사 경영이 어려워지자 1996년 3월, 윤OO 사장을 중심으로 뭉쳐 있던 주주들이 동원교통 주식 51퍼센트를 진천교통 대표이사 신OO 씨에게 비밀리에 매각했다.

---

3 염갑수, 〈우진교통 171일 투쟁일지〉, 비공식 문건(2013). 이하 1차 자료 원문에서 오타 내지 비문은 문맥에 맞게 최소한의 수준에서 본 집필자가 수정함.

결국 남아 있던 주주들조차 새 사장 신OO 씨에게 견디지 못하고 주식을 매각하고 회사를 떠나면서 동원교통 노동자들의 불행이 시작되었다.

신OO 씨는 돈이 없는 사람이었으나 아버지의 재산과 맏형의 정계 인맥을 동원해 은행에서 대출을 받아 1999년 대화운수까지 인수했다. 그는 법인명(상호)을 충일고속으로 통합한 뒤 양사 노동조합장을 설득(?)해 노동조합까지 충일고속노동조합으로 통합했다.

신OO 씨는 ㈜경일여객, ㈜음성교통, 청주터미널㈜ 등에 이르기까지 무리한 문어발 경영을 하다가 IMF 경제위기 때 유동자금 위기에 빠졌다. 이에 ㈜충일고속시내버스사업부 ㈜우진교통을 ㈜충북교통 민OO에게 매각한다. 민OO 씨는 상호를 ㈜우진교통으로 변경하고 2001년 1월 1일자로 우진교통 경영을 시작했다. 이것이 현 우진교통의 출발점이다.

㈜충북교통 경영자 민OO 씨가 회사를 인수하자 조합원들은 민OO 씨가 충북 운수사업의 대부라는 이미지를 갖고 있었기에 새 경영진에게 은근한 기대를 가졌다. 그동안 신OO 씨로부터 당한 지긋지긋한 임금 지연지급 및 노동탄압으로부터도 해방되고픈 심정에 막연한 희망으로 부풀어 있었다.

그러나 노동자들의 기대와 다르게 민OO 씨는 신OO 씨보다 더 악덕한 사업주로 드러났다. 실제로 민OO 씨는 청주 최고의 갑부이자 토호세력인 민OO 씨의 아들로 어려움을 전혀 모르고 자랐으며 청년기에는 청주를 떠들썩하게 만든 사건의 장본인이기도 했다. 그런 사람이 고된 삶을 사는 노동자의 어려운 처지를 알기는 애초부터 어려웠다.

우진의 240여 노동자들이 파업투쟁을 하는 과정에서 알게 되었지만, 민OO은 우진교통 인수자금을 마련하기 위해 편법으로 사채를 모았고, 사채 이자는 주주배당 명목으로 매월 원금의 10퍼센트를 지급했다고 한다.

그럭저럭 회사를 운행하던 중 우진교통 인수 시 가장 많은 자금을 투자한 대주주(LG그룹 임원)가 주식대금을 회수해 버린 일이 회사를 위기로 몰았다. 민OO은 2004년 7월, 승무원 임금 2개월 치와 상여금 3개월 치를 체불하고 그 돈으로 주식을 매입했다. 바로 이것이 앞서 말한 2개월 이상의 임금체불 사태의 배경으로, 171일간 생존권 투쟁의 촉발제가 되었다. 그렇게 임금체불로 인해 조합원들의 생활이 나날이 어려워졌는데도 조합원의 고통은 안중에도 없는 민OO은 복대동 차고지와 용암동 차고지를 비밀리에 매각해 마지막 돈줄을 챙기고자 했다. 설상가상으로 그 사이에 복대동 차고지를 ㈜삼우건설에 넘기는 매매계약서가 작성되었다는 말이 전해지며 240여 조합원들이 더욱 분개하기 시작했다.

차고지가 매각되면 체불임금과 이후 발생될 퇴직금까지 전혀 받지 못할 것이 명확했다. 그래서 노동조합은 다급하게 복대동 차고지 및 용암동 차고지와 시내버스에 가압류설정을 한다. 이는 노동자들이 171일간의 지난한 총파업투쟁을 이어갈 수 있게 하는 물적 토대로 작용한다.

그러는 동안 이미 민OO은 물러났고 서류상 남OO을 대표이사로 선임해 놓았다. 그러나 남OO 사장은 현실을 전혀 모르는 사람이었고, 보유주식 비율도 낮아 경영권과 관련해 전혀 힘이 없었다. 그야말로 '바지사장'이었다. 절박한 생존권을 위해 싸우는 노동자들이 이런 사람과 대화를 하니 협상이 진척될 리 없었다.

충북지방노동부에서 진행된 마지막 노사 협상 및 조정에서 노동조합 요구조건인 2개월 치 체불임금 즉시지급 및 재발방지 약속을 하라고 해도 남OO은 상황을 아는지 모르는지 '돈이 없다'라는 말과 함께 '재발방지 약속도 할 수 없다'며 '마음대로 하라'는 식의 자세를 보였다. 그로써 협상은 결렬되고 노동조합은 총파업을 결정한다. 171일 생존권 투쟁의 시작이었다.

노동조합은 2004년 7월 24일 새벽 4시를 기해 생존권 사수와 체불임금 청산, 악덕사업주 구속, 공영제 실시, 재발방지 대책 마련, 경영정상화 등을 요구하며 총파업에 돌입했다.

총파업에 돌입할 당시 우진교통㈜ 노동조합은 한국노총 전국자동차노동조합연맹 소속이었다. 노동조합이 전면 파업을 계획하면 상급 노동단체가 파업지도부 교육과 파업자금 준비, 준수사항 등 필요한 사항을 파업지도부와 긴밀하게 협조하는 것이 그 본연의 모습이다. 그러나 한국노총 충북도 지부는 그런 상급단체의 역할과 임무를 방기했다. 오히려 우진교통 노동조합 집행부를 무시하고 사업주 민씨와 긴밀하게 협조하는 추한 행태를 보이기까지 했다. 이에 우진교통 240여 노동자들은 또다시 분개했다.

게다가 노동자 집회가 있을 때마다 일부 한국노총 간부가 마지못해 참석은 했지만 노동조합 사람인지 사용자를 위한 구사대인지 분간하기 어려운 행동을 하기 일쑤였다. 그렇게 조합원들의 눈살을 찌푸리게 할 뿐 아니라 때로는 우진교통 파업지도부에게 '좋게 타협하라'거나 '파업을 중단하고 일을 하면서 협상하자'며 '회사가 부도나면 모두 망한다'는 식의 논리로 협박까지 했다.

당시 총파업 경험이 전혀 없었던 우진교통 파업지도부가 의지할 곳이라고는 상급단체인 한국노총 충북도 지부뿐이었다. 그런 상황에서 노동자가 아닌 사용자의 입장을 더 많이 드러낸 한국노총 충북도 지부의 행태는 매우 실망스러운 것이었다. 노동자 조직이 오히려 사용자의 관점에서 행동하고 판단하는 것은 생존권 투쟁에서 걸림돌로 작용했다. 우진교통 파업지도부는 갈피를 잡지 못하고 우왕좌왕했고 파업은 점점 소강상태가 되었다. 파업기간이 길어질수록 지도부에 대한 신뢰에 금이 갔고 지도부 내 갈등으로 조합원들의 불만도 고조되었다. 돌파구가 필요했다.

총파업을 시작할 때 우진교통 파업지도부는 '시내버스가 공공사업'이라는 점과 청주시 청원군민들의 '유일한 교통수단으로서 불편이 가중'되어 '아마도 1주일 이내에 파업이 종료될 것'이라는 근거 없는 자신감이 있었다. 그러나 지도부의 판단이 얼마나 어리석었는지 확인하는 데는 그리 많은 시간이 필요하지 않았다.

사업주 민씨와 그 바지사장 남씨는 파업지도부의 생각과는 다르게 '운수노동자들은 가정형편이 어려워 3개월을 버티지 못할 것'이므로 회사에서 '직장폐쇄로 강력하게 맞서면 조합원들이 스스로 파업을 철회하고 업무에 복귀할 것'이라고 판단했다. 그런 판단에 근거해 그들은 노동자들에게 전혀 유연하지 않게, 아니 오히려 강경 일변도로 대처했다. 게다가 민씨와 남씨는 비밀리에 회사를 옹호하는 조합원들과의 지속적인 만남을 통해 조합원 분열을 획책하고 있었다. 어쩌면 경영진의 강경 대응보다 더 무서운 것이 이러한 노동자 내부의 분열인지 모른다.

그렇게 총파업이 2주일이 지나도록 파업 사태를 해결하려는 사측의 움직임은 없었다. 오히려 민씨의 지시와 회유를 받은 사무실 직원들이 조합원들이 모인 장소에 나타나 싱글싱글 웃으며 "회사가 부도나면 끝장"이라면서 "일을 해라, 일을 해야 월급이 나온다"는 말만 되풀이했다.

총파업 20여 일이 지나도록 아무 성과도 없고 해결의 기미도 보이지 않자 조합원들과 파업지도부는 마음이 다급해졌다. 그래서 청주시청 교통행정과를 방문해 압박을 가했다. 행정 관청에서 우진교통의 생존권 위기와 파업 사태에 대해 뒷짐만 지고 있지 말고 행정력을 동원해 민씨를 압박하여 파업 사태가 해결되도록 노력해 달라고 요청했다. 그러나 돌아온 답변은 '파업은 당신들이 해놓고 왜 우리보고 해결하라고 하느냐'라는 책망이었다. 파업지도부는 망신만 당한 꼴이었다. 게다가 파업 해결을 위해 요청한 청주시장 면담까지 단번에 거절당하자 한편으로 당국에 대한 분노가 치밀어 올랐다.

파업지도부가 시장 면담을 거절당한 데 대해 항의하자 교통행정

과장이라는 사람은 되레 '우리가 파업을 하라고 했느냐, 파업은 당신들이 했으면서 왜 청주시에 찾아와서 해결하라고 하느냐'라며 '당장 돌아가 일하라'고 호통을 쳤다. 파업지도부는 노동자의 서러운 현실에 눈물을 흘렸다. 비참했다. 희망이 없었다.

절망과 좌절에 모든 걸 포기할 것인가? 과연 어떻게 해야만 하는가? 그러나 그대로 주저앉을 수는 없었다.

바로 그때 '발상의 전환'이 나오기 시작했다. 우선 조합원들 사이에서 '더 이상 이대로는 안 된다. 총파업을 계속 이렇게 지지부진하게 끌고갈 수는 없다'는 얘기가 나오기 시작했다. 총파업에서 승리하려면 단위조합도 중요하지만 무엇보다 승리를 향한 상급단체의 의지와 적극성이 필요했다. 그런데 상급단체인 한국노총 충북도 지부는 해결할 의사도 적극성도 없는 상태가 아닌가. "한국노총 소속으로는 파업투쟁에서 승리할 수 없다"는 성토가 나오기 시작했다.

파업지도부는 한국노총 충북도 지부의 지도력에 한계를 느끼고 한국노총연맹(본부)을 찾아가 도움을 청하기로 했다. 마침내 서울에 있는 한국노총 본부를 찾아가 연맹 간부들과 대화를 시작했으나 '혹시나'가 '역시나'로 끝나고 말았다. 파업지도부가 노총 간부에게 '우진교통 파업 사태를 해결할 의지가 있느냐'고 절박하게 묻자 연맹 조직국장 김○○가 이렇게 답했다. '연맹에는 우진교통 말고도 파업 사업장이 많다. 우진교통 파업 현장에만 매달릴 순 없다. 일을 해야 월급이 나온다. 청주시청에서 파업을 하라고 한 것도 아닌데 왜 청주시청에 가서 농성을 하느냐.' 상식 이하의 답변이었다. 한국노총

연맹에 대한 믿음이 한꺼번에 무너졌다. 한국노총에 대한 그간의 신뢰가 환상과 착각이었음이 백일하에 드러나는 순간이었다.

파업지도부는 '과연 이곳이 노동자의 권익을 대변하고 노동자의 불이익에 공동 대처하는 노동조합이 맞느냐'고 반문하고, 한국노총 연맹 간부들에게 "청주로 돌아가면 즉시 한국노총을 탈퇴하고 민주노총으로 들어가겠다"고 최후통첩을 했다. 작지만 위대한 발상의 전환이었다.

청주로 돌아온 파업지도부는 서울 연맹 본부에서 보고 들은 이야기를 조합원들에게 상세히 보고하고 "파업투쟁에 승리하기 위해서는 민주노총으로 조직 변경을 하는 것이 좋겠다"고 설명했다. 그리고 곧바로 '민주노총이 우리를 도와줄 것'이라는 확신을 갖고 조직 변경을 위한 절차에 착수했다.

이 소식이 알려지자 다급해진 한국노총 충북도 지부는 사용자와 친분이 있던 조합원들을 포섭해 민주노총으로 조직 변경을 하지 못하도록 회유 작업을 시작했다. 심지어 일부 조합원에게는 협박까지 했다. 그러나 그 어떤 회유나 협박도 (그동안 믿었던 상급단체로부터 받은) 배신감을 되돌릴 순 없었다. 마침내 2004년 9월 17일, 약 두 달 만에 이뤄진 민주노총으로의 상급단체 변경 찬반투표 결과 압도적 찬성으로 상급단체 변경에 성공했다.

이제 우진교통의 생존권 투쟁은 전환기를 맞았다. 민주노총 산하 민주버스연맹으로 상급단체를 변경한 뒤 노동조합과 조합원에게는 많은 변화가 생겼다. 특히 파업현장에서 그동안 만나달라고 그렇게 애걸복걸해도 만나주지 않던 청주시장이 동네 이장처럼 쉽게 만날 수 있는 사람으로 변했다. 믿기지 않을 정도였다. 패잔병처럼 힘없던 조합원들이 이제는 똘똘 뭉쳐 동지애를 가진 전사의 모습으로 변모했다. 조합원들 스스로도 놀랍다고 했다.

또한 민주노총으로 조직 변경을 한 뒤에는 우진교통 노동조합 단독 싸움이던 것이 이제 민주노총 충북지역 본부의 아낌없는 지원 속에서 확장된 형태로 이루어졌다. 즉 간부 교육을 통한 내부 결속과 지역 동지들과의 끈끈한 연대로 파업투쟁을 더욱 힘차게 이어나갈 수 있게 되었다. 그렇게 구속을 각오하며 단호한 투쟁을 벌인 결과 우진교통 노동자들은 2015년 1월 10일 마침내 승리했고, 오늘의 노동자자주관리기업을 탄생시켰다.

우진교통 노동자들은 '생존권' 투쟁이라는 절박함 속에서 대동단결해 무려 171일간의 파업을 승리로 이끌었다. 물론 김재수 대표로 상징되는 민주노총 충북본부 중심의 조직적 리더십이 대단히 중요했지만, 그 리더십이 현실적 힘을 갖게 된 토대에는 우진교통 노동자들의 일치단결된 마음과 행동이 있었다. 240여 노동자들은 생존권을 위해 파업이라는 최후의 투쟁을 하는 와중에도 먹고살아야 했기에 '알바'로 대리운전이나 택배기사를 하며 투쟁 농성에 참여했다.

"당시 200명 이상이 171일 동안 돈도 벌지 못하고 투쟁한다는 건 쉬운 일이 아니었죠. 조를 짜서 투쟁을 했는데, 투쟁조에 해당하면 농성과 싸움을 했지만 투쟁조가 아닌 날에는 택배기사로 뛰기도 했죠.

어떤 택배 회사는 무거운 것 들어가며 보름이나 일했는데도 부도가 나는 바람에 돈도 하나 주지 않았어요. 벼룩의 간을 빼먹지…. 노동부에 고소해서 한 달 만에 받아내긴 했지만, 정말 속이 상했죠. 이런 식으로 동료 노동자들이 온갖 애환을 겪으면서도 171일 동안 같이 잘 싸워냈어요." (J씨 인터뷰, 2017. 10.)

이렇게 밤낮으로 고생하며 일궈낸 공동체이기에 노동자자주관리기업 우진교통 노동자들은 조직 몰입도와 일체감이 매우 강한 편이다. 물론 그 내부에 미세한 편차도 존재한다. 인간 사회에 100퍼센트 같은 마음이란 있을 수 없지 않은가.

"실제로 일을 하면서 투쟁도 하고 고민도 많이 한 동료들은 회사 생활을 잘해 나가지만, 평소에 잘 어울리지도 않고 별 일 않다가 가끔 선거 같은 때 주변 사람들 모아 바람을 일으키려 하거나 목에 힘만 주려 하는 이들도 더러 있는데, 이들은 종종 불평만 하기도 해요." (P씨 인터뷰, 2017. 10.)

힘겨운 투쟁을 통해 살려낸 '우리 회사'이기에, 비록 내부에 미세한 차이들이 존재한다 하더라도 전반적으로 회사에 대한 애정은 다른 회사와 비교가 되지 않는다.

"우리가 171일 동안이나 힘들게 싸워 어렵사리 이뤄냈지만, 생각해 보면 결코 회사는 어느 개인의 것이 아니죠. 그 힘들게 싸운 과정을 생각하니 지금도 울컥 하는데요…. 그래서 누구도 (한 개인이) 회사를 좌지우지 못하게 시스템을 잘 구축해야 해요. 우진은 영원히 '우리'의 것이거든요. 그런 회사를 후배들에게 잘 물려주고 싶어요." (J씨 인터뷰, 2017. 10.)

특히 J씨는 인터뷰 도중 "잊어버릴 때도 됐는데, 당시 생존권 투쟁을 하던 시절을 생각만 해도 뭔가 북받쳐 올라 눈물이 나려고 해요"라며, 함께 싸우던 200여 동료들이 "마치 일제 때 독립운동을 하던 투사들 같은 심정"이었다고 회고했다.

그리하여 우진교통의 노동자들은 '높으신' 경영진에 의해 일방적으로 주어진 경영 및 노동 방식이 아니라 생존권의 위협을 느끼며 힘겹게 싸워 쟁취한 노동자자주관리기업이라는 '긍정적 집단기억'을 공유하게 되었다. 이렇게 조직 구성원들에게 널리 공유된 긍정적 집단기억은 구성원들로 하여금 작은 차이와 갈등이 생겨나도 큰 차원에서 단결하고 미래지향적으로 해결하도록 하는 힘을 부여한다.

여기서 잠시 '집단기억' 개념을 살펴보자. 프랑스의 사회학자 모리스 알박스는 인간 삶을 심층 이해하기 위해 '집단기억' 개념을 제시했다.[4] 인간의 과거는 순수하게 기억되는 것이 아니라 사회적 상

---

4 Maurice Halbwachs, *On collective memory* (Chicago: The University of Chicago Press, 1992).

황에 따라 재구성된다는 것이다. 그에 따라 개인의 기억 또한 집단기억과의 관계 속에서 재배치될 수 있다고 본다. 삶의 과정에서 비록 기억의 주체가 개인이고 개인들의 회상이 존재할지라도, 실제 개인들은 사회 집단의 한 성원으로서만 기억하고 있다는 점을 중시한다.

알박스의 '집단기억' 개념은 '무엇이 사회 집단을 결속시키는가'에 대한 물음에 답하는 데 유용하다. 알박스의 집단기억은 개인들의 회상을 보증해 주는 의사소통적 기억이라는 점에서 중요하다. 개인의 기억은 파편화되어 있고 불완전하다. 결코 고립되어 존재하는 독립 개념이 아니다. 오히려 그 기억은 집단을 통해 혹은 타인과의 연결을 통해 그 의미를 획득한다. 즉 사람들은 사회 속에서 기억을 획득할 뿐만 아니라, 이를 되살리고 인식하며 배치하는 것 또한 사회적 관계 속에서 이룬다.

나는 이 '집단기억' 개념에서 한 걸음 더 나아가 '긍정적 집단기억'이 조직 변화와 혁신, 시스템 변화와 혁신의 과정에 대단히 중요한 밑거름으로 작용한다는 점을 강조한다. 크게 세 가지 측면에서다.

첫째, 반복되는 실패와 좌절이라는 부정적 집단기억은 당사자들에게 트라우마(trauma)와 두려움(fear)을 남겨 사람들로 하여금 더 이상 능동적인 변화의 주체로서 설 수 없게 한다. 하지만 비록 작은 규모이거나 소박한 수준일지라도 승리와 성취감에서 나온 긍정적 집단기억은 집단적 자기효능감과 자부심을 고양시켜 사람들로 하여금 주체적이고 능동적으로 변화와 혁신에 나서게 한다. 우진교통의 경우도 기존 회사 조직의 관료주의, 타성주의, 이기주의, 권위주의 등에 갇히지 않고 삶의 터전을 지키기 위해 공고한 단결과 유기적 연대를 통해 민주주의, 자율주의, 공동체주의 방향으로 새로운 조직 혁신을 이뤄냈다.

둘째, 우리의 현실은 결코 실패와 성공, 좌절과 승리의 단순 이분법만으로는 제대로 설명되지 않는다. 많은 경우 우리는 반복되는 실패와 좌절에도 '불구하고', 오히려 그 '덕분에' 그것을 딛고 일어서는 과정에서 더욱 강인한 정신으로 다시, 또다시 정진할 때 비로소 작은 승리와 성취의 기쁨을 만끽할 수 있다. 요컨대 '긍정적 집단기억'이라고 해서 늘 좋은 일만 있었다는 것은 아니다. 오히려 실패와 좌절, 낙담과 절망, 분열과 위기 등을 무수히 경험하는 가운데 불굴의 의지로 그 모든 것을 극복해 내려는 눈물어린 과정이 있었기에 마침내 긍정적 집단기억이 우리들 가슴 깊이 공고하게 자리 잡을 수 있는 것이다.

셋째, 이 긍정적 집단기억이 공고하게 자리 잡고 지속적으로 유지되는 데에는 '공감 격차'를 줄이는 과정이 매우 중요하다. 캐나다 퀘벡 대학의 캐런 메싱(Karen Messing)은 《보이지 않는 고통》(*Pain and Prejudice*)이란 책에서 연구자나 지식인의 경험과 일반 노동자들의 경험 사이에 상당한 간극이 존재함으로 말미암아 '공감 격차'가 발생한다고 했다.[5] 특히 연구자들은 노동자들이 경험하는 지루함이

---

5 캐런 메싱, 《보이지 않는 고통》, 김인아 외 역(동녘, 2017) 참조.

나 보이지 않는 고통 등을 전혀 느끼지 못하는(또는 않으려는) 경향이 있다. 그런데 나는 동일한 노동자 사이에서도 공감 격차가 생긴다고 본다. 그것은 가족이나 학교, 조직 생활 등 복합적 경험과 생각의 차이로부터 나올 것이다. 바로 이 공감 격차 개념과 긍정적 집단기억 개념을 연결해 생각해 보면, 공감 격차가 줄어들고 구성원 내부의 공감대가 넓어질수록 긍정적 집단기억이 더욱 강해질 것이다.

우진교통 구성원들이 두루 공유하는 '긍정적 집단기억'은 크게 세 차례의 투쟁 과정에 뿌리를 두고 있다. 그것은 2004년 171일간 진행된 생존권 투쟁, 2008년 카드 압류 사태 비대위 투쟁, 그리고 2009년 차고지 수호 투쟁 등이다. 이렇게 모든 구성원들이 회사 공동체를 위해 집단 투쟁을 통해 시련과 고난을 극복한 경험과 그에 대한 기억은 그 이후 직면하는 여러 가지 조직적·경영적 문제들을 생산적으로 극복하는 데 근본 원동력으로 작용한다고 본다.

이른바 '공채' 세대 문제

그러면 2004년 당시 171일간의 투쟁을 직접 경험하지 못한 이른바 '공채' 세대 노동자들은 이러한 '긍정적 집단기억'을 어떻게 경험할까? 여기서 '공채' 세대란 2005년 자주관리 출범 이후 최근까지 공개채용으로 입사한 노동자들로서, 2004년부터 진행된 171일간의 생존권 투쟁을 직접 체험하지 못한 노동자 구성원들을 말한다. 현재 300여 노동자 중 절반 정도인 약 150명 내외가 이른바 '공채' 세대에 속한다. 일례로 2004년 당시 파업투쟁의 직접적 당사자는 아니었으나 민주노총 충북본부를 통해 파업 과정을 간접 경험한 지희구 자주관리실장은 이렇게 말한다.

"처음엔 자주관리 개념이나 노동자성에 대한 인식이 전무한 경우도 많아요. 교육을 해도 그때뿐이고 교육장만 나가면 모두 잊어버리는 경우도 있지요. 하지만 하나하나 시기를 밟아나가며 교육도 하고 제도 개선도 하면서 조금씩 변하는 것 같아요. 특히 우진만이 갖고 있는 자주관리교실 7개월 교육 중에는 반드시 생존권 투쟁의 역사를 같이 배우고 공유하게 되거든요." (지희구 실장 인터뷰, 2017. 10.)

실제로 2004년의 171일간 파업투쟁은 물론 2007년의 가압류 투쟁이나 차고지 투쟁에 참여한 경험이 없는 K씨, 즉 2011년에 입사한 직원의 경우에도 비록 파업투쟁의 경험은 없지만 입사 시 교육과정에서 자체 영상물을 보고 토론하는 가운데 간접경험을 공유하게 되었다.

"처음에 입사했을 때 우진의 역사와 관련된 영상물을 보면서 어떻게 해서 이런 방식의 회사를 만들게 되었는지 대략 공감하게 되었어요. 일부 관성이나 타성에 젖은 직원들도 없진 않지만, 영상물이나 자료를 통해 우진의 역사를 공유하면서 초창기 구성원들과 후배 구성원들 사이의 정서적 차이를 조금이라도 극복하는 거죠." (K씨 인터뷰, 2017. 10.)

물론 영상물 교육이나 자주관리교실 교육과정만을 통해 긍정적 집단기억이 온전하게 생성·유지되기는 어렵다. 교육 외에도 개방적이고 지속적인 대화와 토론을 통해 자주관리기업의 이념과 철학을 공유하는 것이 대단히 중요하다.

"고참 선배 노동자들은 파업을 통해 회사를 지키고 살려냈다는 자부심이 대단하세요. 그런데 이분들이 후배 노동자들에게 무조건 따라오라고 하면 좀 무리가 있죠. 교육을 받는다 해도 이미 현장이 다르고, 또 조금씩 이해도 다르기 때문에 소소한 갈등도 생기죠. 그러면 허심탄회하게 대화를 하는데, 그러다 보면 간격이 좁혀지기도 해요." (C씨 인터뷰, 2017. 10.)

여기서도 분명하게 나타나듯이, 비록 2004년 생존권 투쟁에 직접 참여하지 못한 세대라 할지라도 앞서 말한 '긍정적 집단기억'을 공유하고 꾸준한 교육 및 학습, 대화와 토론을 통해 우진의 정신을 체득할 수 있다. 이런 노력은 이제 우진교통 자주관리 시스템 속에서 자연스럽게 제자리를 잡아가고 있다. 물론 세월이 흐를수록 긍정적 집단기억은 얼마든지 흐려질 수 있기에, 경영팀은 물론 자주관리 조합원 전체가 '공감 격차'를 줄이기 위해 늘 긴장의 끈을 놓지 않아야 할 것이다.

2

노동자의 희망을 실천한다!
새 출발

노동자자주관리기업 우진교통 출범식(2005년 1월).

혁명적 부활

2005년 1월 20일은 노동자자주관리기업 우진교통(주)이 처음 세상에 태어난 날이다. 엄밀히 말하면 2001년 1월에 출범했다가 만 5세 되던 때인 2005년 1월에 부활했다고 할 수 있다. 단순한 부활이 아니라 혁명적 부활이었다. 왜 혁명적 부활일까? 그것은 더 이상 기존의 자본과 노동 또는 경영자와 노동자라는 상하 관계 내지 지배종속 관계를 유지한 채 다시 일어선 게 아니라, 노동자가 사장 및 경영진을 선거로 뽑고, 노동자들이 경영의 대상이 아니라 경영과 노동의 주체로 참여할 수 있는 회사로 부활했기 때문이다. 앞서 말한 우진교통 홈페이지(http://www.wjbus.co.kr)에 다시 한 번 들어가 보자.

저희 민주노총 민주버스노동조합 우진교통 지부는 부도덕한 사업주의 상습적인 임금체불과 부실경영에 맞서 노동자들의 마지막 생존권과 회사의 정상화를 위해 2004년 7월 24일 파업에 돌입하였고, 2005년 1월 10일 청주시청의 중재로 회사 측과 (협상 결과) "노조 측에 경영권 일체와 소유권 50% 양도"를 합의했습니다.
이로써 우진교통은 소유주의 이익만을 위한 회사가 아닌 노동자와 저희 버스를 이용하시는 시민들을 위한 노동자자주관리기업으로 새롭게 태어나게 되었습니다. 우진 투쟁의 승리는 조합원들의 단결과 가족들의 뜨거운 가족애, 민주노총 조합원들의 끈끈한 연대, 그리고 가장 중요하게 교통의 불편함에도 불구하고 우진교통의 생존권 투쟁에 지지와 성원을 보내주신 청주시민과 청원군민 여러분들이 있었기에 가능했었습니다. 저희 우진교통은 이후 깨끗하고 편리한 대중교통으로 거듭나겠습니다.

- 노동자자주관리기업답게 시민들에게 가장 친절한 버스로 거듭나 겠습니다.
- 과속·난폭 운전을 근절하고 안전하고 편안히 시민 여러분을 모 시겠습니다.
- 투명한 경영으로 부정비리를 일소하는 시민의 기업으로 건실히 정상화를 이루어내겠습니다.
- 노동자에게는 복지를, 시민에게는 편리한 교통을 선사하겠습니 다.
- 노동자자주관리기업으로서 수익의 사회 환원을 통해 기업의 사 회적 책임을 다하겠습니다.

경영을 투명화하고, 시민들에게 안전하고 친절한 서비스를 제공하며, 노동자에게 즐겁고 보람찬 일터를 제공하고, 사회 일반에 대해서는 사회적 책임을 다하는 기업, 이런 기업이 과연 가능할까? 우진교통의 지난 13년 역사는 '가능하다'고 말한다. 현재의 자본주의 사회경제 시스템 아래서도 비록 힘겨운 과정이긴 하지만 결코 불가능하지 않다. 실제로 가능하다. 환상이나 불가능한 꿈이 아니라 실제로 가능한 이야기! 그래서 말한다. "노동자자주관리기업, 우진교통은 실화다!"

여기서 노동자자주관리기업과 일반 기업의 차이를 간략히 정리하면 다음과 같다. 우선 소유의 측면부터 보자. 일반 기업은 개인 소유이거나 주식회사가 대부분으로, 주식회사는 1원 1표가 원칙이다. 이에 반해 자주관리기업은 구성원들이 실질적 소유주면서도 주식이 아닌 사람이 중심으로 1인 1표의 원리로 의사결정이 이루어진다.

다음으로 경영의 측면을 보면, 일반 기업은 철저히 경영자 내지 경영진 중심이다. 자주관리기업에도 경영팀이 존재하긴 하지만 독점 권력을 행사하지 않는다. 노동자들이 참여하는 경영자치위원회에서 경영 의사결정이 이루어진다.

노동의 측면을 보자. 일반 기업에서는 회사 경영진의 지시와 명령에 복종하여 주어진 과업을 충실히 이행하는 것이 표준이다. 하지만 자주관리기업에서는 구성원인 노동자들이 직무자치, 즉 현장 자치모임에 참여해 팀별로 문제 해결의 주체로 나선다. 각자 성실히 일하되, 팀 단위로 논의하고 제안하며 공동으로 해결하고 공동 책임을 진다. 따라서 노동자들은 경영의 대상에 머무는 것이 아니라 경영의 주체, 노동의 주체가 된다.

끝으로 분배의 측면을 보자. 일반 기업에서는 경영진이 회계사의 도움을 받아 각종 수입과 지출, 자산과 부채, 자본을 주기적으로 정리하고 노동자들에게는 노사협의회 등에서 정보를 공유한다. 이 과정에서 투자자나 소비자들에게는 수익이나 자산을 부풀리는 경우

〈표 2〉 노동자자주관리기업과 일반 기업의 차이

구분	자주관리기업	일반 기업
소유 (협동조합)	• 주식회사, 사회적 소유 대체: 자주관리 　주식＋협동조합형 주식 • 1인 1표 의사결정	• 주식회사, 개인 소유 • 1주 1표 의사결정
경영 (경영자치)	• 경영-노동-분배: 공동 결정 • 직무자치 • 경영자치(7개) 　- 자주관리위원회 　- 인사, 채용, 공동 결정, 공동 복지, 　　선거, 공제위 • 현장노동자치: 현장자치위원회 　- 11개 현장자치모임 • 전문성과 현장성의 조화(민주집중제)	• 경영-노동-분배: 상부 　결정 • 이사회, 배타적 권력 독점 • 직위에 따른 하향식 결 　정
노동 (노동자치)	• 생산관계의 변화: 노-노 역할 분담 • 노동조합의 역할 변화 • 노동자평의회(노동법과 직무자치의 완 　성도)	• 노동과 자본의 생산관계 • 대립적 노사관계
문화 (자율문화)	• 자주관리기업 문화: 노동과 사람 　중심의 문화, 공동체, 참여와 협동, 　복지 • 자주관리정관-경영협약-노동협약-임 　금협약-각종 자치 규정	• 자본 중심의 문화: 종속 　적 문화, 결정과 약육강 　식의 문화 • 정관-취업규칙-단체협 　약-임금협약

*자료: 협동조합형 노동자자주관리기업 '우진교통 자주관리기업론: 공동체의 희망으로 행복을 만든다',
(우진교통 자주관리실 자료).

도 있고, 반면 구조조정이 필요한 경우에는 노조를 향해 수익은 줄
이고 비용, 특히 인건비는 과다 계상하여 보고하는 등 회계 조작이
일어나기도 한다. 그러나 자주관리기업에서는 설사 경영정상화 과
정에서 부족한 점이 있을지언정 고의적 회계 조작이나 분식회계는

없다. 경영 투명성이 생명이다. 나아가 회사의 수익금은 인건비와 자체 재투자 비용을 제외하고 대부분 직원 복지나 공익 기여금으로 돌아간다.

이 모든 면에서 자주관리기업은 일반 기업과 근본적인 차이를 보인다. 그것은 한편으로 노동자가 기업 경영에 주체로 참여한다는 점, 다른 한편 기업 경영의 결실이 결국 노동자에게 환원된다는 점에서 '노동 소외'를 최소화할 수 있다는 점이다.

이것을 정리하면 〈표 2〉(52쪽)와 같다.

노동자자주관리기업이란?

원래 노동자 자주관리(worker's self-management)란 노동자들이 기업을 직접 자주적으로 관리하는 형태를 말한다. 광의의 노동자 자주관리는 노동자가 경영자의 경영에 대해 밖에서 규제하는 노동자 통제의 의미도 포괄하지만, 협의의 노동자 자주관리는 생산수단의 소유자로서 자본가를 인정하지 않고 노동자 스스로 경영을 담당하고 책임지는 것이다.

그런데 이 협의의 자주관리는 생산수단의 사회화가 구현된 사회주의 체제에서나 완전 실현이 가능한 것이기에, 노동자 자주관리의 사상과 실천은 자본주의에 대한 대안 모색이나 사회주의 운동과 밀접한 관계에 있다고 볼 수 있다. 그러나 그렇다고 해서 자본주의 사회 안에서 노동자 자주관리가 불가능한 것은 아니다.

한국만 보더라도 청주의 우진교통은 물론 대구의 달구벌버스나 광남자동차,[1] 진주의 시민버스나 삼성교통, 그리고 서울의 해피브릿지, 도우누리, 우렁각시, 쿱택시 등에서 자주관리 경영 패러다임이 실천되고 있다. 이상이나 주장이 아니라 실제 현실이다. 자본주

---

1 정우달, "대구 광남자동차 시내버스에는 뭔가 특별한 것이 있다", 〈매일노동뉴스〉, 2017. 12. 21.

의 한국 사회 안에서도 얼마든지 자주관리 경영 패러다임이 가능하다는 이야기다.

한국사회적기업진흥원에 따르면 2017년 12월 말 현재 약 1만 2천 개 이상의 협동조합이 설립되었고 이중에서 노동자협동조합 유형으로 분류된 협동조합은 500여 개이다. 그러나 실제 영위되고 있는 사업체는 그 중에 약 10-15% 내외일 것으로 추정된다. 사회적협동조합 중에서도 비영리 노동자협동조합이 일부 존재하므로 영리와 비영리를 합하여 실재하는 노동자협동조합의 수는 약 100여 개 내외일 것으로 여겨진다. 이 가운데 노동자협동조합연합회인 일하는사람들의협동조합연합회와 직·간접적으로 관계하고 있는 노동자협동조합의 수는 대략 20여 개 정도이다. 우진교통, 도우누리, 우렁각시, 해피브릿지, 쿱택시는 현재 우리 사회를 대표할 만한 노동자협동조합들이다.[2]

나아가 이들 기업을 자세히 들여다보면, 자주관리를 해서 망할 가능성이 높다기보다 오히려 망한 기업을 노동자 자주관리로 살려낸 경우가 많다는 것을 알 수 있다. 또 이 자주관리기업의 노동자들은 경영 패러다임의 변화를 통해 노동만족도와 노동효율성을 모두

2 박강태, "한국 노동자협동조합운동의 현황과 과제", 일하는사람들의협동조합(워커쿱)연합회, 〈협동담론〉, 2018. 3. 22.

높일 수 있음을 현실적으로 보여준다.

노동자 자주관리의 뿌리를 역사적으로 거슬러 오르면, 멀게는 1830년대 필립 뷔세(Philippe Buchez)의 영향으로 유럽의 생시몽주의자 내지 혁명적 생디칼리스트들이 만든 생산자 협동조합에서 찾을 수 있다.[3] 또 1871년 파리코뮌(Paris Commune) 시기의 노동자평의회주의, 1917년 소비에트 노동자평의회 및 미국 켄터키 주 마틴 힘러(Martin Himler)가 세운 석탄 회사에서의 자주관리,[4] 1920년대 독일 바이마르공화국 시기의 공장평의회 운동, 이탈리아 공장평의회, 1936년의 스페인 공화제 하의 자주관리, 1950년대 유고슬라비아의 자주관리와 스페인 몬드라곤 협동조합,[5] 1970년대 이탈리아·프랑스·포르투갈·영국·칠레 등에서의 자주관리, 그리고 2000년대 아르헨티나에서의 노동자 기업 인수 운동, 미국 오하이오 주 에버그린 협동조합 실험 등에 이르기까지 다양한 형태로 발전해 왔다.

노동자 자주관리 경영방식의 가장 선구적인 국가로 거론되는 유고슬라비아의 경우(특히 1950-1964년), 소련과 같은 국가 차원의 소유·관리·통제로부터 벗어나 노동자 집단 스스로 생산수단을 소유하는 사회화를 지향하고 노동에 따른 분배를 지향했다는 점에서, 자본주의도 공산주의도 아닌 '제3의 길'을 제시하기도 했다.[6] 또한 의사

---

3 조창권, "근로자 자주관리기업에 관한 연구", 경상대 경영학과 석사 논문(2013).

4 배경진 외, "노동자, 주인이 되다: 우진교통 사례", 국제전략센터 연구보고서(2018).

5 윌리엄 F. 화이트·캐서링 K. 화이트, 《몬드라곤에서 배우자: 해고 없는 기업이 만든 세상》, 김성오 역(역사비평사, 2012).

6 브랑코 호르바트, 《자주관리제도》, 강신준 역(풀빛, 1984).

결정에 있어 전체 노동자가 참여하는 총회와 대의제, 이사회의 역할과 같은 노동자평의회 시스템을 운영해 전체 노동자의 경영참여 폭을 확대시켰다. 이는 자본주의 노동과정은 물론 공산주의 내지 사회주의 노동과정에서의 노동통제와 관련, 완전히 새로운 접근 방식을 제시하는 것으로 주목을 끌었다.

그런데 큰 차원에서 사회주의의 길을 걷던 유고슬라비아의 자주관리 외에 자본주의의 틀 안에서 대안경제 차원으로 자주관리 사례가 나타난 경우도 제법 있다. 자주관리 형태로 이미 1800년대 유럽의 협동조합운동, 1920년대 독일의 노동자평의회제도나 1950년의 공동결정제도 등 유럽 각국에서 노동자 자주관리 사례가 나타났다.[7] 특히 스페인의 몬드라곤 협동조합 공동체는 그 경영방식의 민주성이나 자주성뿐만 아니라 효율성 및 지속성 차원에서도 세계적으로 이름이 높다.[8]

---

7 김기섭,《깨어나라 협동조합: 더 좋은 세상을 만드는 정직한 노력》(들녘, 2012); 김현대 · 하종란 · 차형석,《협동조합, 참 좋다: 세계 99%를 위한 기업을 배우다》(푸른지식, 2012); Andrea Jochmann-Döll · Hartmut Wächter, "Democracy at Work-Revisited", *Management Revue*, 19(4) (2008), pp. 274-290; Walter Müller-Jentsch, "Formation, development and current state of industrial democracy in Germany," *Transfer*, 22(1) (2016), pp. 45-62; Joyce Rothschild-Whitt, "There's More than One Way to Run a Democratic Enterprise: Self-Management from the Netherlands", *Sociology of Work and Occupations*, 8(2) (1981), pp. 201-223.

8 주영민, "노동자 자주 관리 기업의 의의와 국내 사례 연구: 우진교통을 중심으로", 충북대 사회학과 석사 논문(2008); 윌리엄 F. 화이트 · 캐서링 K. 화이트, 앞의 책; 윤형근,《협동조합의 오래된 미래 선구자들》(그물코, 2013).

한편 1970년대 중반 이후 영국에서는 노동자 통제를 노동자들의 고용 및 생존권 요구와 결합시키는 대안적 전략들이 등장했는데, 그 대표 사례가 군수산업체였던 루카스 항공이다. 루카스 항공이 위기에 처해 대량해고를 예고하자 노동자들이 주체가 되어 '루카스 항공의 새로운 계획'(Lucas Plan)을 제시했다.[9]

특히 마이크 쿨리(Mike Cooley)는 루카스 항공의 노동자위원회에서 지도적 역할을 했는데,[10] 그는 '루카스 플랜'이 보다 포괄적인 사회·경제적 맥락에서 등장했음을 역설한다.

이는 경영위기 국면에서 노동자들이 수세적이고 사후약방문적 투쟁을 넘어, 사태의 흐름을 미리 예측하고 준비해 공세적으로 투쟁했다는 점과 노동자들의 시급한 경제적 요구를 노동자 통제, 일할 권리, 사회적으로 유용한 생산물의 생산 등 보다 넓은 사회·정치적 전략과 결합시켜 냈다는 점에서 돋보인다.

즉 노동자들이 기존의 군수산업체를 자주관리 계획을 통해 노동의 소외, 정신노동과 육체노동의 분할 등을 극복하려 했다는 점에서 주목할 만하다.

---

9 마이크 쿨리의 "루카스 항공에서의 계획"이란 글이 이에 관해 소상하게 보고한다. Mike Cooley, "Drawing up the Corporate Plan at Lucas Aerospace", Mike Cooley, *Architect or Bee?: The Human Price of Technology*, 앤소니 바넷(Anthony Barnett)의 새로운 서문이 수록된 개정증보판(London: Hogarth Pr., 1987), 7장(pp. 114-138).

10 Mike Cooley, 위의 글.

심지어 미국이나 캐나다 등 북미에서는 물론[11] 베네수엘라와 아르헨티나 등 남미권에서 활성화되고 있는 노동자협동조합 등 자율경영 역시 국가나 지방 정부의 보호 아래 사회적 연대 경제의 블록을 형성하며 성공리에 확산되고 있다.[12]

유고슬라비아의 자주관리 사례와 다소 다르지만 덴마크 기업 '노보 노르디스크'(Novo Nordisk) 역시 주목할 만하다. 이 회사는 흥미롭게도 '세계인권선언'을 회사의 경영이념으로 삼고 경영 일상에서 실천하려 노력한다.[13] 즉 회사는 채용·노동조건·보수·승진·해고 등 모든 경영과정에서 기회의 균등과 다양성을 강조한다. 또 납품 계약한 업체에 대해 노동시간과 임금 등을 제대로 지키는지 해마다 설문조사를 하고, 차별행위를 하는 기업이 있으면 협력관계에서 배제한다. 노보 노르디스크는 노동자의 경영참여에도 적극적이다. 노동자 대표가 의무적으로 이사진에 참여하고 노동자 대표 중 50퍼센트는 여성에게 할당된다.

---

[11] Minsun Ji, "Revolution or Reform? Union-Worker Cooperative Relations in the United States and Korea", *Labor Studies Journal*, 41(4) (2016), pp. 355 - 376; John Pencavel, *Worker Participation: Lessons from the Worker Co-ops of the Pacific Northwest* (New York: Russell Sage, 2001); Bengt Sandkull, "Managing the Democratization Process in Work Cooperatives", *Economic and Industrial Democracy*, 5(3) (1984), pp. 359-389.

[12] 조창권, 앞의 논문(2013); 주영민, 앞의 논문(2008); Thomas Weisskopf, "Toward a Socialism for Future, in the Wake of the Demise of the Socialism of the Past", *Review of Radical Political Economics*, 24(3 · 4) (1992), pp. 1-28.

[13] 김남균, "1년 안에 망할 뻔한 버스회사, 어떻게 '연구 대상' 됐나", 〈오마이뉴스〉, 2017. 8. 4.

이와 같이 노동자자주관리기업이건 협동조합이건 그 형태와 무관하게 자주관리 경영방식은 자본주의나 사회주의를 가리지 않고 근대 산업사회의 노동자들이 근원적으로 안고 있는 문제인 노동소외(alienation of work)를 극복하려는 방향성 아래 세계 곳곳에서 실험되고 있다. 물론 이것이 전면적으로 구현되기 위해서는 국가나 시장, 자본의 폭력성에 의해 심대한 트라우마를 입은, 나아가 그 트라우마를 다각적 사회화 과정에서 후손들에게 전승해 온 민초들, 특히 노동 대중이 긍정적 집단기억들과 함께 다시금 고유의 건강성을 회복하며 아래로부터의 민주화를 이뤄나가야 한다. 또한 동시에 기존의 폭력적이고 착취적인 제반 사회적 관계들을 근본적으로 타파하는, 위로부터의 민주화와 상호 유기적으로 결합되어야 한다.

범지구적 착취 체제에의 참여를 통해 두려움을 새롭게 억압하는 것과 마찬가지로 그 두려움을 분노로 둔갑시키는 것 역시 헛된 일이다. 진정 우리가 할 일은 우리의 두려움을 억압하는 시도를 마침내 그만두는 것이다. 나아가 우리 모두 보다 많은 용기를 내어, 우리가 가진 두려움을 제대로 해소할 수 있는 개인적·사회적 조건들을 창출하는 일에 합심해야 한다.[14]

---

14 홀거 하이데, "포퓰리즘의 시대, 어떻게 볼 것인가", 〈녹색평론〉 159호(2018년 3-4월), p. 139.

이런 맥락에서 보면, '노동자의 희망을 실천한다'는 사훈을 가진 우진교통은 덴마크의 노보 노르디스크처럼 현재의 자본주의 시스템 아래에서도 와이스코프(Thomas E. Weisskopf)가 말한 '민주적 자주관리기업 모형'에 가까운 경영방식을 실험적으로 보여준다. 물론 과연 이러한 모형이 자본주의 시스템 전반을 혁신할 수 있을지와 관련해서는 보다 거시적이고 구조적인 사회 변동이 중요하겠지만, 우리는 적어도 우진교통의 살아 있는 경험을 통해 동일한 자본주의 시스템 안에서조차 상당한 변화와 혁신의 가능성을 발견할 수 있다. 아니 현재의 자본주의 시스템이 가진 노동과 경영의 모순과 대립을 어떤 방식으로 해결할 수 있을지에 대해 우진교통의 실천 사례가 '지금 여기에서' 그 전망과 가능성, 구체적 경로까지 이미 제시하고 있는지 모른다.

특히 우진교통 구성원들이 171일간의 투쟁 끝에 자주관리 경영방식으로 새로운 기업을 출범시킬 때, 전 사업주에게서 넘겨받은 주식(50퍼센트)을 공익 인사인 전 서원대 총장 김정기 교수에게 신탁한 것은 상징적 의미가 있다. 김정기 교수는 역사학자로서 오늘날 풀뿌리 민주주의의 원형이 된 동학농민혁명을 연구하기도 한 진지한 학자이기 때문이다.[15]

---

15 일례로 김정기, "파랑새의 꿈, 전봉준의 국가 체제 구상", 〈녹색평론〉 제139호 (2014년 11-12월).

무엇이 자주관리기업을 성공으로 이끄는가

노동자자주관리기업의 역사는 실패와 성공의 사례를 모두 보여준다. 그렇다면 이런 의문이 든다. 과연 무엇이 노동자자주관리기업을 실패로 이끌거나 성공으로 이끄는가? 일례로 유고슬라비아 식의 자주관리 체제는 실패로 끝났지만 몬드라곤 식의 자주관리 경영은 성공하고 있지 않은가? 또 1970년대 칠레의 아옌데 진보 정부 아래 125개 공장에서 이뤄진 자주관리는 실패로 끝났지만 2000년대 아르헨티나에서 노동자들이 공장을 인수·점거해 자주관리로 운영한 경우 꽤 많은 기업들이 성공하지 않았던가?

특히 이탈리아에서 노동자협동조합은 2007년에서 2010년까지 이어진 세계 경제 위기 당시 일반적인 주식회사나 개인 기업보다 생존 가능성이 3배나 높았다는 보고도 있고, 프랑스에서도 2012년의 경우 동일한 경제 위기 상황 아래서 여타 기업들에 비해 협동조합들이 50퍼센트나 더 많이 살아남았다고 한다.[16] 자주관리 경영의 경우 과연 어떤 점들이 성공을 가능하게 하는 것일까? 그리고 어떤 요인

---

16 Daniel Ozarow · Richard Croucher, "Worker's Self-management, Recovered Companies and the Sociology of Work", *Sociology* 48, no. 5 (2014), pp. 989-1006; 배경진 · 안드레아 슈니처 · 알렉스 힐 · 황정은, "노동자 주인이 되다: 우진교통 사례를 중심으로", 국제전략센터(2018).

이 실패로 이끄는가?

모든 성공과 실패에는 외인과 내인이 있을 것이다. 특히 실패하는 사례들의 경우 외인과 내인이 모두 결정적 역할을 한다. 가장 대표적으로 국내외 시장의 경쟁과 독점 대기업의 위협, 나아가 비자본주의적 사회경제 체제를 혐오하는 정치·경제 엘리트 등에 의한 방해 등이 가장 큰 외인이다. 그리고 내인으로는 자주관리 경영체 내부의 역량과 의지 문제가 중요한데, 내부 분열과 이해 갈등, 그리고 경영 전반에 대한 이해 부족과 전문 역량의 결핍 등을 꼽을 수 있다.

그런데 동일한 외적 환경 속에서도 성공하는 기업이 있다면, 우리는 그 내인에 주목할 필요가 있다. 조직 구성원들 내부에 존재하는 잠재력, 특히 신뢰와 협동에 기초한 '휴먼 파워'(human power)의 저력이야말로 온갖 역경과 고초 속에서도 조직적 성취를 가능하게 하는 가장 핵심 요인이 아닐까 한다. 이를 보다 구체적으로 살펴보자.

자본주의 사회건 사회주의 사회건 노동자와 사용자가 분리되는 경우, 구체적인 생산과정에서 노사 간 갈등이 생기는 것은 필연적이다. 노사 간 이해의 일치가 이뤄지기 어렵기 때문이다. 그러나 우진교통과 같은 노동자자주관리기업은 전체 노동자들이 기업의 소유주이기 때문에 모두가 '주인의식'을 갖게 된다. 따라서 노동자자주관리기업에서 노사 간 이해 불일치는 별로 존재하지 않는다. 물론 자주관리 철학에 동의하지 않거나 불신하는 구성원은 자연스럽게 이탈한다. 실제로 우진교통의 경우, 2008년 '카드 압류 사태' 때 그런 일을 겪었다. 그러나 주인의식으로 뭉친 구성원들의 저력이 그 모든 역경을 이겨냈다. 따라서 장기적으로는 자주관리 철학을 공유하는 조직 구성원들 사이에 일체감이 형성되어 개인적 주인의식을 넘어 조직적 주인의식이 충만해졌다. 바로 이것이 '공동체 의식'으로 승화하는 것이다.

이렇게 노동자자주관리기업에서 주인의식과 공동체 의식, 즉 공동의 책임의식으로 충만한 구성원들이 다양한 방식으로 경영에 참여하는 경우, 노-사가 분리된 일반 기업 구성원들에 비해 '내재적 동기부여'(intrinsic motive)가 되어 훨씬 더 지속적인 헌신과 조직 몰입을 하게 된다. 이렇게 노동자자주관리기업의 구성원들은 주인의식이나 공동체적 책임감, 나아가 역사의식이나 사명감, 의미와 보람과 같은 내재적 동기를 상대적으로 강하게 갖고 있기 때문에, 단기적으로 어려움이 있어도 중·장기적으로는 그 모든 어려움을 무난히 극복하고 조직적 성취를 이루게 된다.

금상첨화 격으로, 노동자자주관리기업에서는 노동자 자신의 노동으로부터는 물론 자신이 공동으로 소유한 자본에서 얻어지는 모든 수익이 곧 자신들의 것이 된다. 원래 이 수익이나 소득, 즉 물질적 이해관계는 외재적 동기(extrinsic motive)에 속한다. 일반적으로 인간의 행동은 내재적 동기와 외재적 동기가 유기적으로 결합될 때 가장 적극적으로 또 가장 지속적으로 일어난다.

반면 내재적 동기가 결여된 채 돈이나 지위, 칭찬, 비교나 경쟁 같은 외재적 동기만으로 일어나는 행위는 적극성이나 주체성이 결여

될 뿐 아니라 지속성이 약하다. 그래서 설사 일정한 성공을 이루더라도 일시적 만족감을 느낄 뿐 결국에는 공허감이 커진다. 많은 경우 이 공허감으로 인해 사람들은 쉽게 중독에 빠진다. 돈 중독, 일중독, 알코올중독 등이 바로 그것이다.

일례로, 노와 사가 철저히 분리된 경영 조직체의 경우, 내재적 동기가 결여된 노동자들은 소정의 노동시간만 채우려 하거나 심지어 정규 노동시간은 소홀히 흘려보내고 초과 근로수당을 받기 위해 장시간 노동을 하기도 한다. 이런 일이 반복되고 습관 또는 유형이 되면 일중독으로 이어진다. 일중독은 과로나 만성피로를 부르고 마침내 번아웃 내지 과로사로 이어지기도 한다.

그러나 노동자자주관리기업의 경우, 자신의 노동도 책임성 있게 자주적으로 행할 뿐 아니라 그 노동의 결실(모든 수익금) 또한 스스로 향유하기 때문에 소정의 노동시간 안에서 최선을 다하려 한다. 물론 그 수익의 일부는 조직 자체의 존속과 발전을 위해 쓰일 것이고, 또 다른 일부는 구성원 전체의 복리 향상을 위해 쓰일 것이다. 요컨대 우진교통과 같은 노동자자주관리기업의 경우 내재적 동기와 외재적 동기가 조화롭게 결합되고 있다. 이 조화로운 결합의 기반은 당연히 자율성과 공동체성에 충만한 노동자들의 적극적 참여라 본다.

사실 자본주의 기업 경영에서도 이윤분배제(profit-sharing)가 실시되는 경우도 있지만, 이것은 어디까지나 이윤의 일부를 노동자들에게 분배할 뿐이다. 따라서 기업 성과가 좋아질수록 노동자들에게도 더 많은 이윤 분배가 이뤄질 것이라고 선전하지만, 결국은 노동자에게 분배되는 몫보다 기업가 또는 주주들에게 분배되는 몫이 훨씬 크기 때문에 노동자들은 분배에서조차 소외를 경험하기 쉽다.

그러나 노동자자주관리기업에서는 소유, 경영, 분배의 전 국면에서 노동자들이 주인의식과 책임감을 갖고 참여하여 결정하기 때문에 일반 자본주의 기업에서 흔히 볼 수 있는 '구조적 소외' 문제는 거의 발생하지 않거나 현저히 줄어든다. 이것은 결국 조직의 만족도만이 아니라 생산성 향상에도 큰 도움이 된다. 요컨대 노동자자주관리기업에서는 노동의 자율성과 공동체성, 그리고 상호 존중과 신뢰에기초한 내재적 동기와 외재적 동기의 결합, 나아가 책임감과 사명감등이 고조됨으로 인해 궁극적으로 노동효율성과 노동만족성 향상이 동시에 이뤄지는 경향이 있다. 우진교통의 13년 경험이 바로 이런 면을 실제로 증명한다.

'노동자의 희망을 실천한다'는 사훈과 함께 '공동체의 희망으로 행복을 만든다'는 사훈이 우진교통 노동자를 넘어 전국의 노동자로, 나아가 세계의 노동자들에게 널리 퍼져나갈 때, 범지구적 차원에서 노동소외도 극복될 수 있을 것이다.

'투명경영'의 정립

우진교통㈜은 노동자자주관리기업의 출범 초기인 2005년 1월, 전 경영진으로부터 무상 양도받은 50퍼센트 주식의 사회적 소유(노동조합이 공익 인사 1인에게 신탁)를 시작으로, 투명한 경영 정립, 재무 흐름의 장·단기적 계획, 고용 안정을 통한 경영권 확보에 주력하는 등 경영정상화 방안을 주된 정책 방향으로 설정했다. 병들고 부패한 경영을 투명하고 건강한 경영으로 정상화하는 과정이 곧 노동자자주관리기업의 출발점이었다. 그것은 더 이상 노동과 자본이 적대적으로 분리·대립하는 것이 아니라 유기적으로 결합·협력하는 형태로 근본적으로 재구성된 것이라 할 수 있다. 이런 면에서 자주관리기업 우진교통은 경영 패러다임의 혁명적 전환을 예시한다.

여기서 결정적 역할을 한 사람이 당시 민주노총 충북지역 본부 상근자(사무처장)로서 171일 파업에 호흡을 함께한 김재수 대표다. 그는 2005년 출범 당시부터 지금까지 조합원들이 선출한 회사 대표로, 자본의 가치가 아니라 노동의 가치라는 관점에서 모든 인간이 골고루 평등하게 존중받아 마땅하다고 본다.

이렇게 서로 존중하는 가운데 노동의 공동체를 가꾸어가는 노동자자주관리기업 우진교통은 노동자와 기업에 대한 시선부터 남다르다. 특히 회사 대표와 노조 대표가 적대적 관계가 아니라 동반자

관계를 맺고, 같은 수준의 월급을 받으면서 같은 길을 걸어갈 수 있다는 것 자체가 혁명적이다.

김재수 사장은 2005년 1월까지 민주노총 충북본부 사무처장이었다. 당시 우진교통 노조원들은 그를 사장으로 추대코자 했고, 민주노총은 그를 파견했다. 2007년 12월 임기를 마친 그는 민주노총으로 돌아가려 했으나, 노동자들은 회사 건물 앞에 천막을 치고 농성을 벌였다. 그는 결국 우진교통에 주저앉았다. 당시에 노동자들은 노조위원장을 뽑듯이 1인 1표로 사장을 선출했다. 그는 노동자들의 압도적 지지를 받았다.[17]

김재수 대표는 2004년 말, 맨 처음 우진교통 노동자들에 의해 사장으로 추대되었을 때의 심경을 이렇게 표현했다.

"당시 민주노총 지역 본부나 자문 변호사 등 주변 사람들은 '가면 뻔하다' '뒤끝이 안 좋을 수 있다' '금방 망한다', 이런 식으로 말했어요. 저도 상당히 긴장되고 떨렸죠. 그런데 제 가슴 속에는 '된다, 안 된다' 하는 문제보다는 '해야 할 일'이란 생각이 강했던 것 같아요. 그렇지 않으면 수백 명이 길바닥에 나앉게 생긴 거죠. 그래서 '어떻게든 살려내야 한다'는 생각이 컸어요." (김재수 대표 인터뷰, 2017년 10월)

---

17 유성호 · 김병기, "사장님, 월급은 얼마지요?", 〈오마이뉴스〉, 2014. 7. 2.

사회적 생산의 주역으로서 노동자들이 기본 생존권을 지켜낼 뿐 아니라 인간다운 노동을 통해 노동의 가치를 실현해야 한다는 대의에 대한 책임감과 진정성이 핵심이었다. 그래서 김재수 대표는 주변의 만류에도 불구하고 기꺼이 힘든 길을 걷기로 결심했다. 2005년 1월 20일, 자주관리기업 우진교통의 대표이사로 첫걸음을 내디딘 배경이다.

이렇게 새로 출범한 우진교통은 보다 구체적으로 다음과 같은 내용을 투명경영 및 경영정상화의 실질적 내용으로 내세웠다.

① 월 1회의 경영설명회와 노사협의회 실시
② 임금 삭감 없이 진행되는 경영정상화
③ 부채상환에 대한 장·단기적 원칙 속에서 자본 구조의 안정화
④ 비정규직(경영관리팀)의 정규직화

2005년 1월 20일 새로운 출범 이후 2년여 동안은 출범 초의 경영원칙을 수행하면서 영역별 역할분담 체계를 구축하고, 각종 외부 채권에 대한 효과적 대응방안 제시, 현장조직의 '책임 있는 자율'을 통한 생산관리 방안의 모색, 그리고 각종 위기상황에 대한 적절한 대응 등의 문제에 주력했다.

다른 한편, 이 시기에는 조직 구성원들 사이에 자주관리에 대한 공통 이해가 부족했던 탓에 현장 내 갈등이 다소 불거지기도 했다. 즉 일상적으로 발생하는 각종 사안들에 대해 자주관리 경영진과 구

성원 간 공감대 형성이 부족한 결과 갈등이 일어났다. 따라서 이 시기는 갈등 완화 및 해결을 위한 대안을 찾아 주력하는 정책들도 집중 추진되었다.

그리고 자주관리기업 창조의 역사적 의미를 지니는 노동조합은 상급단체인 민주노총 산하 민주버스연맹의 경영참여 문제로 인한 의견 대립으로 또 한 번 심한 내홍을 겪었다. 꽤 오랜 논란 끝에 우진교통 노동조합은 상급단체인 민주버스연맹에서 탈퇴하고 대신 민주노총 충북지역 본부로 소속을 변경했다. 상급단체로 업종별 조직이 아니라 지역별 조직을 선정함으로써 우진교통 고유의 자율성을 견지하고자 한 것이다. 우진교통의 경영과정에 상급 노조인 민주버스연맹이 참여하면, 우진교통의 독자성이 훼손될 우려가 있었기 때문이다. 그 결과 노동조합과 조합원이 직접 우진교통을 자주관리하는 형태로 가기로 방향을 설정했다. 이와 같이 우진교통 노동조합은 자주관리기업 우진교통이 안정화하는 데 있어 주력부대 역할을 했다.[18]

이렇듯 우진 자주관리 경영 제1기에 해당하는 2005년에서 2007년까지는 자주관리에 대한 이해 문제로 혼돈과 갈등이 생겨 어려움도 있었다. 그러나 경영정상화를 위한 초기의 경영원칙 중 '투명경영'의 실천을 통해 대중교통 운수업체의 공익성을 반영한 깨끗한 기업 이미지 정립과 경영에 대한 신뢰 확보에 일정한 성공을 거두었

<hr>

18 지희구, "우진교통의 자주관리기업론", 내부 교육자료(2012).

다고 평가된다. 이런 면에서 현재도 청주시 우진교통 출입구에 걸린 '노동자의 희망을 실천한다!'는 구호는 결코 예사롭게 보이지 않는다.

매월 열리는 경영설명회와 투명경영

우진교통에서는 매월 경영설명회가 열린다. '근로자참여및협력증진법'에서 30인 이상 기업에 설치하도록 돼 있는 노사협의회도 우진교통에서는 아주 기본 사항이다. 이미 자주관리위원회에서 노사협의는 물론 노동자치가 구현되고 있기 때문이다.

특히 우진교통에서는 경영설명회를 통해 일상적 투명경영을 실천하는 것이 경영정상화, 나아가 경영선진화의 기본이라 여겨진다. 이것은 기존 경영진이 탐욕과 무능의 결과, 두 달 이상 노동자 임금을 체불하고 상여금도 지급하지 않았을 뿐 아니라 퇴직금조차 지급 전망이 불투명할 정도로 병든 경영을 했다는 반성 때문이다.

'노동자자주관리기업 우진교통'은 말 그대로 노동자들이 경영에 참가하고 스스로 운영하는 회사다. 따라서 매년 임금인상도 전체 직원의 투표로 결정한다. 직원들은 회사 대표와 임원까지 선거로 뽑는다. 1원 1표의 주식회사 원리를 1인 1표라는 협동조합 원리로 승화시킨 셈이다. 따라서 우진교통은 상법상의 형식으로는 주식회사이지만 경영의 실제에서는 협동조합에 가깝다. 그래서 최근에는 '협동조합형 노동자자주관리기업 우진교통'이라 부르기도 한다.

이 '협동조합형 노동자자주관리기업 우진교통'에서는 한 달에 한 번씩 '경영설명회'가 열린다. 전체 직원들 앞에서 경영진과 실무진이 경영성과와 주요 변동사항, 그리고 주요 의제 같은 것을 공개적으로 설명한다. 직원들 중 궁금한 사항이나 의문이 있으면 질의하고 토론할 수 있다. 공개 대화와 소통을 통해 모든 중요한 정보를 사전에 공유하고 향후 집단 의사결정의 기초로 삼는다. 이런 면에서 경영설명회는 사실상 직원총회와 유사하다. 동일한 맥락에서 경영과 관련된 중요한 사안들은 자주관리위원회에서 결정한다. 모든 의사결정과정에서 전체 직원 또는 각종 위원회의 위원들은 1인 1표의 권한을 동등하게 가진다. 회사 대표 역시 그 과정에서 한 표만 행사한다.

나아가 노동에 대한 자기결정의 일환으로 현장 자치조의 조별 모임을 통해 근무와 관련한 각종 사항을 논의하고 규율을 만든다. 매년 20여 명이 참가하는 자주관리교실을 운영하고 회사의 운영과 발전 방안에 대한 졸업논문도 발표한다. 징계규정도 전체 직원의 논의를 거쳐 전 직원이 참여하는 투표로 결정한다. 징계를 담당하는 징계위원도 직원들의 투표로 선출하고 자주관리위원회 위원도 같은 방식으로 뽑는다. 신규 직원을 채용할 때도 직원들의 투표로 선출된 인사위원회가 실기시험과 면접을 주관한다.

이렇게 투명경영을 일관되게 실천한 결과, 조직 구성원 사이에 신뢰관계가 회복되고 특히 경영진에 대한 신뢰가 높아졌다. 구성원들이 인식하는 조직공정성이 높아졌기 때문이다. 이 모든 것의 결과는 한편으로 직무만족도 증대, 다른 한편으로는 직무효율성 증대로 나타났다.

3

1년 안에 망한다던 회사가 3년 만에 정상화한 비결

직무자치 활동 현장자치모임(2016년).

우려와 불안을 넘어 노동자의 희망으로

과연 노동자들이 기업을 경영할 수 있을까? 기껏 해봐야 1년을 갈 수 있을까? 전문 경영지식이나 경험도 별로 없는 사람들이 수백 명의 직원을 거느린 회사를 어떻게 운영할 수 있을까? 머리에 뻘건 띠나 두르고 구호를 외치던 파업 노동자들이 회사를 어떻게 운영해? 아마 빚도 다 갚지 못하고 금세 망하고 말걸?

이런 식이었다. 2005년 1월에 우진교통이 자주관리기업으로 출범할 때만 해도 앞이 캄캄했다. 위와 같은 주변의 우려나 회의적인 질문들이 전혀 근거 없는 것은 아니었다. 하지만 우진교통의 240여 구성원들은 '긍정적 집단기억'에 기초해 김재수 대표로 상징되는 '혁신적 리더십'[1]과 그것을 체화한 '자주관리 경영구조'의 구축, 나아가 노동자 조합원들이 노동의 가치를 공유한 위에서 기쁨과 보람을 느낄 수 있는 회사를 만들어내려는 '내재적 동기'로 합심 단결한 결과 놀라운 성과를 이루었다.

앞서 보았듯이 2004년의 우진교통은 거의 망하기 직전이었다.

---

1 창업 초기엔 전환적(변혁적) 리더십이, 성장 단계에선 섬김(서번트) 리더십이 효과를 나타낸 것으로 보인다. 이에 대해서는 조규호, "사회적 경제조직 창업 이후의 리더십 변화에 관한 연구: 노동자자주관리기업 우진교통(주) 사례 중심으로", 〈한국창업학회지〉, 10(4) (2015), pp. 146-175 참조.

이전 경영진의 부실한 운영으로 회사는 부도가 났고 직원들의 임금 60여 억 원이 밀렸다. 게다가 퇴직금조차 한 푼도 적립돼 있지 않아 30년 이상 근무한 직원들의 경우 1-2억 원에 이르는 퇴직금조차 못 받을 상황이었다.

그랬던 회사를 노동자들이 인수해 부활시켰다. 2005년 1월이었다. 김재수 대표와 전 구성원들은 투명경영 실천과 비정규직의 정규직화라는 혁신 경영을 해나갔다. 즉 2005년 중반 이후 자주관리기업의 안정적 정착을 위해 그간 비정규직 위주로 고용관계를 유지했던 사무관리직 및 정비직 노동자들에 대해 정규직화를 선구적으로 실시했다. 그래서 당시 경영관리팀 총 32명이 정규직으로 전환되었다.[2] 회사 식당에서 일하는 조리사 역시 정규직이다. 그후 지금까지 우진교통에는 비정규직으로 일하는 사람이 하나도 없다.

우진교통은 '전 직원의 정규직화'를 선도적으로 구현하며 다른 버스회사에도 정규직과 비정규직 간 차별 철폐 및 가능한 한 전 직원의 정규직화를 주창했다. 그리하여 마침내 2013년 2월경 청주시와 청원군은 시내버스 승무원의 비정규직을 금지하고, 이를 위반할 때는 보조금 지급 등에서 불이익을 주겠다는 입장을 공식 발표했다. 이런 식으로 우진교통은 자체 고용관계를 선도적으로 개선할 뿐 아니라, 동종 업계의 병폐들을 개선하는 데도 지대한 관심과 노력을 기울였다.

---

2 조창권, 앞의 논문, p. 61.

그러나 어디나 그렇듯 그 출발점은 너무나 열악했다.[3] 회사는 부도 상태였고 당장 차량에 들어갈 기름을 구입할 돈도 없었다. 부채는 150억 원에 이르렀고 자본금은 완전 잠식 상태였다. 그러나 악성부채보다 더 큰 문제는 노동자들 내부가 네편 내편으로 갈라져 삼삼오오 분열된 것이었다. 주변에서는 "1년도 안 돼 내부 분열로 망할 것"이라 수군거렸다.

문제를 해결하기 위한 뾰족한 방법은 없었다. 이런 면에서 노동자 자주관리는 선택이 아니라 필수였다. 내부의 분열과 동요를 잠재우고 부족한 운영자금을 마련하기 위해서는 노동자들의 자발적 참여 없이는 불가능했다. 노동의 가치와 긍정적 집단기억에 기초한 혁신 경영은 결국 김재수 대표로 상징되는 혁신적 리더십과 240여 노동자로 상징되는 노동자 자주관리로 나타났고, 이것은 불과 1년 만에 운송수지 흑자(3500만 원)로, 나아가 3년 만에 부채 66억 원 상환 등 '경영정상화'라는 결실을 거두었다. 전 경영진 당시 (2004년과 그 이전에) 매년 평균적자 15-18억을 기록하던 때와 비교하면 놀랄 만한 결과였다.

---

3 김남균, "1년 만에 망할…", 〈충북인뉴스〉, 2017. 8. 2.

신뢰와 협력이 낳은 작은 결실

아마도 그 배경엔 초기 171일의 투쟁 과정에서 김재수 대표가 보여준 리더십과 일관성에 대한 노동자들의 신뢰가 있을 것이다. 그리고 2005년 1월, 자주관리기업으로 재출발한 이후 일관되게 보여준 '변혁적(전환적) 리더십'이 결정적으로 작용했다. 〈오마이뉴스〉 인터뷰 때 김재수 대표의 말이다.

> 출범할 때 1인당 500만 원씩 출자금을 낸 노조원들에게 약속했다. 첫째는 투명경영이었다. 매달 노동자들에게 경영실적과 재무상황 등 경영설명회를 열었다. 두 번째는 임금체불이나 삭감을 하지 않겠다고 했다. 세 번째는 비정규직 직원들에게 주인의식을 심어주려고 모두 정규직으로 전환하겠다고 했다. 이 약속을 모두 지켰다. 1년 만에 기적이 일어났다. 흑자였다. 모두들 환호했다. 그 이유는 간단했다. 부패가 만성적자의 원인이었다. 하루 매출이 5천 만 원이라면 매일 2500만 원의 현금이 들어왔다. 현금을 셀 때 사장이 쥐어 가면 누구도 말을 못했다. 또 회사는 적자인데, 주주들은 직원인 것처럼 속여서 주식배당 형식으로 돈을 가져갔다. 1년에 40억 원(경유)이 기름 값이었는데, 기름 납품업자와 수의계약을 해서 일반 주요소보다 비싼 가격의 어음을 끊어주고, 그 업자는 사장에게 와서 20-30프로의

비율로 어음깡을 해갔다. 단순 계산해도 8-12억이 어음깡으로 날아 갔다. 노동자자주관리기업으로 바뀐 뒤에는 SK와 공장도가격으로 현찰 직거래했다. 노동자 흑자경영 비법은 투명경영이었다. 민주노총이 그동안 사회적 교섭이나 사업자별 교섭에서 주장해 왔던 원칙과 정신을 주저하지 않고 우진교통에 적용했다.[4]

거짓 없이 온몸으로 보여주는 투명경영은 결국 모든 구성원들에게 대표이사에 대한 신뢰는 물론 회사 운영방식 전반에 대한 신뢰를 강화했다. 특히 경영 상태를 개선하는 과정에 전 구성원이 참여해 과정을 공유한 것은 구성원들로 하여금 소속감과 노동의 성취감, 자주관리기업 노동자로서의 자긍심을 느끼도록 했다.

"달마다 경영설명회를 통해 투명경영을 실천하니, 모든 구성원들이 경영진에 대해 신뢰감을 갖게 되죠. 또 경영설명회를 하더라도 자본이니 부채니, 비용이니 손익이니 하면서 숫자만 나오면 집중이 잘 안 되지만, 그동안 경영의 진행과정이나 회사 상황을 그 내용이나 결과 면에서 알기 쉽게 설명을 해주니 이해가 빠르고 전 구성원들이 회사 일을 잘 공유하게 되지요." (K씨 인터뷰, 2017년 10월)

앞서 말했듯이 우진교통은 투명경영을 위해 매달 노동자들에게

---

4 유성호·김병기, 같은 곳.

경영실적과 재무상황 등을 소상히 설명했다. 흔히 다른 기업들에서 발견되는 이중장부나 공금횡령 등이 전혀 없는, 투명하고 정직한 재무관리를 통해 전 구성원들의 신뢰와 일체감을 동시에 획득하는 셈이다. 때로 경영설명회는 마치 승무원들이 회사 대표의 경영과정을 감독하는 듯한 모양새를 띠고 있어 일반 기업들에서 보는 것과는 정반대의 모습이다. 이는 노동자자주관리기업의 본질적 면모인 노동 가치의 존중과 노동복리의 향상이라는 기본 지향성을 숨김없이 보여주는 것이라 평가할 수 있다.

> "우진교통의 경영에 대한 감사는 외부 감사위원에 의한 회사 살림살이에 대한 회계감사가 있고, 다른 편으로 재무 및 업무에 대한 일상 감사가 있어요. 이것은 경영투명성 확보를 통한 신뢰 구축 및 효율 향상을 도모하려는 제도적 혁신의 결과입니다." (김재수 대표 인터뷰, 2017년 10월)

투명경영의 결과 우진교통은 2005년 출범 당시에 부채가 146억에 이르렀으나 만 1년이 지난 2006년 1월까지 연 127억 원의 매출을 달성했고 당기순이익 흑자 3500만 원을 기록했다. 이어 2007년 12월까지 총 66억 원의 부채를 상환했다. 혁신적 리더십과 자주관리 경영이 결합된 긍정적 결과였다.

특히 2005년 1월부터 2007년 12월까지 꼬박 3년 동안 모든 구성원들에 대해 임금체불 없이 무려 66억 원의 부채를 상환한 것은 투명경영을 기초로 한 자주관리의 최대 성과였다. 이렇게 3년 만에 긍정적 결과를 낳은 기초에는 구성원들이 서로 이해의 공유, 권한의 공유, 편익의 공유 등을 통해 조직과 일체감을 형성한 사실이 숨어 있다. 이것을 흔히 조직몰입 또는 조직동일시라 한다. 이것의 한 구체적인 예를 이향림 조리장을 통해 알 수 있다.

이 조리장은 2005년 9월 5일에 우진교통에 입사했다.[5] 이 조리장은 우진교통 식구들의 밥상을 책임지는 일을 한다. 이 조리장의 기본 철학은 '내가 먹을 수 없는 것을 남에게 줄 수 없다'라는 어느 식당 경영자의 소신과 일치한다. 가족이나 식구라는 말처럼, 우진교통 모든 구성원이 한솥밥을 먹는 식구들이다. 가족이나 식구들이 건강한 밥을 맛있게 잘 먹도록 준비하는 일은 모든 경제활동의 기본이자 가장 중요한 측면이다. 이 조리장을 움직이는 것은 고용안정이나 임금인상, 타인의 시선과 같은 외적 동기가 아니다. '같은 식구의 밥상을 제대로 차려야 한다' '기본부터 준비된 사람이고 싶다' '우리 모두의 회사인 우진을 위해 무엇을 할 수 있는지 늘 고민한다' 등의 내적 동기가 이 조리장을 움직인다. 이러한 자부심과 함께 업무의 전문성을 높이기 위해 이 조리장은 한식조리사 자격증까지 취득했다. 또한 수시로 전문 요리 사이트를 방문해 메뉴나 조리법 등을 고민한다. 화학조미료 사용을 최소화해 자극적인 맛을 피한다. 무엇보다 제철

---

5 지희구, "음식은 변함없는 정성과 부지런한 손길에서 맛이 납니다", 〈우진교통〉 제7호(2010년 여름),

음식을 맛있게 만들어 제공하고자 한다. 그러면서도 우진 가족들이 영양분을 골고루 섭취할 수 있도록 균형 잡힌 식단을 짠다. '최고의 조미료는 식재료의 신선함'이라는 소신으로 요리한다.

2008-2009년 차고지 수호 투쟁 때도 몸이 힘들고 마음이 다급하긴 했지만 "수고하십니다. 잘 먹었습니다"라는 식구들의 말 한마디에 기운이 나고 고단함이 달아나는 걸 느꼈다. 특히 평소 조용하던 직원들이 '고생하십니다'라며 감사의 마음을 전할 때 '우리 모두 서로의 흘러내리는 땀방울을 닦아주고 있구나' 하는 연대감을 느끼며 가슴이 뭉클해지기도 했다. '모든 구성원이 다 사장'이라는 주인의식으로 일하고, 특히 상하 체계가 아니라 수평 체계로 역할분담을 하다 보니 좀 더 편하게 일할 수 있다.

"윗분들 음식을 따로 챙겨주는 게 아니라 구성원 모두에게 음식을 골고루 제공하는 회사 분위기가 참 좋습니다." 그리고 "다른 곳에서 일할 기회가 생겨도 나는 우진교통 조리장으로 끝까지 열심히 일하고자 합니다." 이런 이 조리장의 마음에 대해 김재수 대표 역시 늘 감사함과 연대의 마음을 느낀다. "실제로 2010년경 다른 회사에서 이 조리장님께 두 배의 월급을 준다며 스카우트 제안이 들어온 적도 있지만, 이 조리장님은 자신이 힘들 때 큰 도움을 주었던 우진교통과의 인연을 저버리고 싶지 않아 계속 남기로 결심하시기도 했죠."[6] 그래서 "의리의 조리장님"이 되었다.

---

6 김재수, 2016년 10월 18일 고려대 특강 직후 면담.

이렇게 우진의 구성원들은 상호 신뢰와 존중, 배려의 분위기를 만들어간다. 한마디로 '신뢰의 공동체'라 할 만하다. 친밀하고 우호적인 인간관계가 곳곳에 배어 있는 우진교통의 구성원들은 바로 이런 조직풍토가 노동능률에도 긍정적으로 작용한다고 본다.

> "일반 회사들에서는 솔직히 말해 인건비 아낀다고 쥐어짜기 식 경영을 많이 하는데, 우진에서는 동료간 신뢰가 두텁고 상호 존중을 하면서 협력을 하니까 분위기도 좋고 인간관계도 좋아 저절로 능률이 올라가는 거죠." (K씨 인터뷰, 2017년 10월)

한편 회사 대표가 직원들을 어떤 시선으로 대하는가도 노동자들이 자부심을 갖고 내재적 동기로 열과 성을 다해 일하게 하는 여건을 조성한다. 회사 대표는 모든 구성원들을 동등한 동료 또는 동지(뜻을 같이 하는 동료)로 대한다.

> "저는 구성원들을 부를 때 'OO 동지' 이런 식으로 말하죠. 이런 호칭은 서로 평등한 관계 내지 가까운 관계라고 생각하지 않으면 나오지 않죠. 특히 파업 당시 생사고락을 같이 한 기억은 서로를 동지라고 부를 수밖에 없도록 만든 것 같아요." (김재수 대표 인터뷰, 2017년 10월)

바로 그런 호칭 하나부터 여타 구성원들로 하여금 '존중받는 느낌'을 갖게 하고, 조직에 대한 헌신과 조직시민행동까지 불러일으킨다. 리더십은 리더가 강조한다고 정립되는 것이 아니라 이렇게 몸으로, 언행으로 보여줄 때 그 실효성을 드러낸다.

> "저도 처음 입사 후에 대표님이 제 이름을 불러주셨을 때, 아, 내가 이 회사에서는 존중받고 있구나, 그러니 내가 일을 하더라도 회사 조직에 부끄럽지 않게 잘해야겠구나, 이런 마음이 들더라고요."(N씨 인터뷰, 2017년 10월)

요컨대 망해 가던 기업이 불과 3년 만에 정상 궤도로 진입한 배경에는 혁신적 리더십과 함께 이뤄진 투명경영, 그리고 상호존중 분위기, 구성원 모두의 신뢰와 협동이 놓여 있었다고 본다. 물론 여전히 신생 자주관리기업은 안정적인 단계에 접어들지 못했다. 수많은 안팎의 장애물들이 숨어 있었다.

4

조급증이 낳은 내부 갈등
압류 철회 투쟁

압류 사태 해결을 위한 비상대책위원회(2008년).

압류 철회를 호소하는 천막 농성(2008년).

악성부채 및 속물주의라는 이중의 질병

2004년 7월 이후 171일 파업을 통해 2005년 1월 마침내 노동자자주관리기업으로 새 출발한 우진교통이었지만, 결코 하늘에서 뚝 떨어져 아름답게 탄생한 기업이 아니다. 새로운 희망과 활기로 새 출발을 했지만 그 이면에는 약 146억 원의 부채라는 혹독한 지병이 있었다. 그리고 이 부채라는 질병보다 더 무서운 것이 있었는데, 그것은 바로 노동자자주관리기업이라는 가치에 대해 공감하지 못하고 오직 개인적이고 물질적인 이해득실에만 집착하는 일부 구성원들의 '정신'이었다.

2005년 1월 새로 출범한 우진교통은 대다수 구성원이 합심 단결해 불과 1년 만에 127억 원의 매출을 기록하고 당기 순이익 흑자 3500만 원을 기록하는 상당한 '성과'를 냄으로써 주변을 놀라게 했다. 출범 당시만 해도 146억의 부채 때문에라도 "불과 석 달도 못 가 망하고 말 것"이라는 평가가 많았기 때문이다. 그런데 망하기는커녕 당당한 흑자 기록을 이뤄낸 우진교통 구성원들은 경영진과 승무원 가리지 않고 모두 자부심에 가슴이 벅찼다.

게다가 그후 2007년 12월까지 약 3년 동안 경영관리직의 임금 조정과 차고지 매각 등 투명한 경영합리화 조치를 통해 총 66억 원에 이르는 부채를 상환했다. 그리하여 2008년 초에는 총 부채가 108억 원 정도로 줄었다. 놀라운 성과였다.

바로 그런 분위기를 타고 '엉뚱한 곳'에서 곪은 곳이 터지기 시작했다. 노동자자주관리기업인 우진교통은 더 이상 대립적 노사관계가 아닌 협력적 연대관계 속에서 개인과 공동체의 동반 발전을 추구했는데, 이런 패러다임 전환에 동의하지 못한 일부 사람들이 다른 생각을 키워가고 있었던 것이다. 그것은 한편으로 공동체의 발전보다 개인의 이익을 우선시하는 생각, 다른 한편으로 노동가치 중심의 참여와 협력이 아닌 기존 자본 중심 기업에서의 대립과 갈등을 중시하는 생각이었다.

처음에는 아주 작았던 틈새가 갈수록 크게 벌어져 마침내 우진교통의 노동자 자주관리를 부정하고 내부 권력을 장악하려 시도하는 사람들과 자주관리를 옹호하는 사람들이 격하게 대립하기에 이르렀다. 물론 171일간의 생존권 투쟁에서 얻은 '긍정적 집단기억'을 공유한 자주관리 옹호 그룹이 더 많은 구성원들의 호응을 얻었다.

이에 반대 그룹 60여 명이 집단으로 회사를 나갔다. 2008년 3월 초였다. 게다가 그들은 그냥 퇴사한 게 아니었다. 자주관리 체제 이전의 사용주가 체불한 두 달 치 임금과 석 달 치 상여금을 한꺼번에 달라고 요구했다. 그것만 해도 수십억 규모였다. 겨우 살얼음 위를 걷듯 한 걸음씩 나아가던 차에 한편으로는 비우호적 태도를 다른 편으로는 경제적 압박을 가하니 회사는 요동쳤다. 그들은 자신들의 요구를 관철하기 위해 회사 수익금과 교통카드(당시 '마이비 카드'로 불림)를 압류했다. 자칫 자주관리 회사가 식물인간처럼 될 판국이었다.

설상가상으로 사태의 악화에 불안을 느낀 20여 명이 추가로 퇴사했다. 경영팀은 이 위기를 수습하기 위해 사방팔방으로 뛰었다. 자주관리기업의 가치를 믿고 열심히 헌신하던 150여 구성원들도 회사를 살리기 위해 자발적 희생을 다짐했다. 결국 이 위기를 해결하는 과정에서 퇴직금을 포함해 약 46억 원 정도가 지출됐다.

실제로는 압류 사실이 2008년 3월 4일경에 뒤늦게 확인되었는데, 그 내부 의견 대립 과정에서 압류자 60명이 퇴사한 뒤 이런 상황에 불안을 느낀 25명 정도가 추가 이탈했다. 2005년 자주관리기업으로 재탄생한 우진교통으로서는 이 압류 사태가 2004년 171일간의 투쟁보다 더 심각한 최악의 위기 국면이었다.[1] 그 과정을 좀 더 자세히 들여다보자.

---

1 유성호·김병기, 같은 곳.

교통카드 압류 사태와 위기

2008년 3월 4일. 2004년 전 경영진 때 발생한 체불금품(월급과 상여금)에 대한 지급 청구가 교통카드 압류로 다가온 날이다.[2] 교통카드 수입금은 전체 운송 수입금의 약 2/3가량을 차지했기 때문에 마치 사지가 마비되는 듯한 위기 상황이었다.

자주관리기업 출범 시 전 경영진에 의한 체불금품은 '경영정상화' 이후 받기로 이미 노동조합 총회에서 결정했었다. 사실상 망해가던 기업을 살려내는 것이 정체절명의 공동 과제였기 때문이다. 물론 전 구성원이 뼈를 깎는 각오로 노력한 결과 부채도 상당 정도 갚고 최초로 흑자를 내기도 했다. 하지만 여전히 100억이 넘는 거액의 부채는 정상 운영에 위협으로 남아 있었고, 직원들의 복지 역시 열악한 상태였다. 제대로 된 '경영정상화'는 아직 좀 더 많은 시간을 필요로 했다. 대다수의 구성원들은 그런 회사 상황을 잘 이해하고 있었다.

그러나 모든 구성원들이 '사심 없이' 노동자자주관리기업에 동의한 것은 아니었다. 어쩌면 일부 구성원들은 노동자자주관리기업에 대한 이해가 부족했을 것이다. 또 어떤 이들은 '내 회사에 대해 내가

---

2 지희구, "협동조합형 노동자자주관리기업 우진교통 이야기", 3회 (2013).

권력을 가져야 한다'는 기득권과 경영권에 대한 사리사욕을 갖고 있었을 것이다. 나아가 옳고 그름에 대한 냉철한 판단보다 이리저리 얽힌 인맥에 의해 목소리 센 동료에게 동조하는 분위기도 있었을 것이다. 속물주의였다.

물론 개인의 합법적 권리 관점에서 보면, 오래전 못 받은 월급과 상여금에 대한 청구권은 지당한 것이다. 그러나 악덕 사업주로부터 독립한 노동자들이 힘을 합쳐 자주관리기업으로 새 출발한 마당에, 그것도 아직 걸음마 단계인 회사에 거액의 돈을 당장 지불하라는 것은 단순한 권리 행사가 아니라 회사의 존립 자체를 위협하는 일이었다. 나아가 전체 조합원의 생명줄까지 빼앗는 행위였다.

생각건대 이러한 속물주의적 편향성은 그들의 인간성이 나빠서라기보다 171일간 생존권 투쟁을 하는 가운데 경험한 (기존 경영진에 대한, 나아가 보수적인 한국노총 상급조직에의 배신감으로 인한) 원한과 분노 등이 일종의 트라우마가 되어 '피해의식'으로 나타났을 가능성이 크다. 또는 자주관리기업이라는 노동 중심의 가치를 구현하는 방식에 대한 '부담감' 내지 '두려움' 탓이었을 수 있다. 물론 조직을 이탈하지 않은 150여 명은 연대와 소통을 통해 트라우마나 두려움을 어느 정도 극복할 수 있었다. 이들은 나아가 '긍정적 집단기억'을 공유했고, 이것을 기초로 현재의 '협동조합형 노동자자주관리기업 우진교통'을 발전시켰다.

당시 언론 보도에 나타난 이 사태의 추이는 다음과 같다.

우진교통 직원 60명이 2008년 3월, 주요 수입원인 마이비 교통카드 수입금 10억 원을 압류하면서 시작된 이번 사태는 3월 25일 현재 63명이 참여해 압류금액이 46억 원 규모로 늘었다. 출범 초기 우진교통 구성원들은 2004년 7월 파업 사태 이전 발생한 2개월 치 체불임금과 이자, 체당금을 지급받을 수 있도록 법원으로부터 '지급명령'을 받아놓았다. 회사 도산 등 최악의 상황까지 고려해야 했던 구성원들은 1인당 수천만 원에 달하는 금액 중 일부에 대해 '안전장치'를 확보하고 경영정상화 시점까지 청구를 유예하기로 했던 것이다.

그러나 2008년 초 조합원 250명 중 60명이 이 금액 지급을 요구하며 '선정당사자' 변경과 교통카드 수입금 압류, 퇴직 수순을 밟아 채무금액이 점차 늘어났다. 김재수 대표의 농성과 구성원 설득으로 일부가 철회하긴 했으나 추가 압류가 없을 것이라는 보장이 없는 상황이다.

회사 수입의 60%를 차지하는 '교통카드'가 압류되자 우진교통은 나머지 현금 수입과 자치단체 지원금으로 운영비와 인건비를 해결할 수밖에 없는 상황을 맞아 이미 2008년 4월분 급여를 체불했다. 압류금액을 충당하려면 2008년 12월까지 향후 7개월 동안은 극심한 경영난이 예상된다.

우진교통은 이 기간까지 7개월 정도 버텨야 하지만 월 4억 5000만 원 정도의 현금 수입금(전체의 35%)으로는 월 7억 5000만 원에 달하는 운영비조차 감당하기 어렵다. 임금을 체불하더라도 월 3억 원이 모자란다. 조합원 무더기 퇴사로 당장 노선 운행도 우려된다. 105대의 면허를 보유한 이 회사는 예비차량 7대를 제외한 98대를 상시 가동하려면 승무원 194-202명을 확보해야 하지만 58명 안팎의 인원이 부족하다.

우진교통은 현재 신규 채용과 함께 휴무자를 노선에 투입하는 등 자구책을 가동하고 있으나 장기화할 경우 승무원 과로, 승객 서비스 저하 등 문제점이 예상된다. 더 큰 문제는 향후 7개월 동안 운영비 부족분 21억 원을 조달하지 못할 경우 청주 버스업계 최대 업체인 우진교통이 운행 중단이라는 불행한 사태를 맞아 시민 불편이 재연될 수 있다는 점이다. 하지만 우진교통은 이 기간을 잘 극복하면 정상궤도에 설 수 있다. 상당구 용암동 사옥과 차고지가 주택공사 택지개발지역에 포함돼 연말쯤 보상을 받을 수 있기 때문이다. 5,280 m^2(1600평) 규모 용지 보상금은 현재 35-40억 원으로 추산된다. 이에 따라 우진교통은 비상대책위를 구성해 급여지급 중단 조치와 함께 운영자금 우선사용 후 임금지급, 자산 매각, 수익금 증대를 위한 운행질서 확립 등 압류 국면의 회사를 비상운영하기 위한 방안을 추진 중이다.

김기남 우진교통 총무부장은 "운영자금이 바닥나 버스가 멈추는 사태를 막기 위해 임금 지급유예조치와 함께 비상경영 체제로 전환해 노·사가 지혜를 모으고 있다"며 "최악의 사태를 막기 위해 청주시와 노동부 등 유관기관의 관심과 지원이 절실하게 필요하다"고 말했다.

우진교통 노조 관계자는 "조합원 경영참여와 투명경영 등 자주관리기업을 실현하는 과정에서 불만과 다른 시각을 가진 일부 조합원들이 재산 압류라는 극단적 행동을 보여 피해를 입고 있다"며 "조합원들이 고통을 분담하며 압류 국면을 딛고 '시민의 발'로 거듭나겠다"고 밝혔다.[3]

그리고 바로 이런 사태로 인한 경영진의 어려움과 파산 위기의 회사를 살려내는 문제와 관련해, 위 언론의 보도는 다음과 같았다.

우진교통(주)은 퇴사 직원들의 회사 재산 가압류 탓에 일시적인 '유동성 위기'를 맞긴 했으나 노동자자주관리기업으로 재탄생한 이후 상당한 경영성과를 거둬 이번 고비만 잘 극복하면 경영정상화를 기대할 수 있다는 게 업계 안팎의 시각이다.

우진교통은 누적적자와 상습 임금체불 등 사실상 파산상태에서 장기파업 후 노동조합이 자구책으로 운영을 맡은 업체로 2005년 1월 출범 당시만 해도 부채가 146억 원에 달했다.

이 때문에 3개월을 버티지 못할 것이라는 비관적 전망이 지배적이었다. 하지만 경영팀·노동조합이 구성한 공동기구에서 모든 사항을 결정하는 투명한 경영구조로 정상화를 앞당겼다.

정기적인 경영설명회와 토론회를 통해 재정 흐름을 공개하고, 방향을 설정하는 방식의 '노동자자주관리기업'에 구성원 대부분이 지지

---

3 한인섭, "진단/우진교통 가압류 사태 (상)", 〈충청타임즈〉, 2008. 5. 26.

를 보냈다. 덕분에 이 회사는 출범 1년 동안 127억 원의 매출을 올리며 당기순이익 흑자 3500만 원을 기록하기도 했다.

우진교통은 경영진·관리직 임금 조정과 차고지 매각 등 경영합리화 조치를 통해 2007년 말까지 은행 대출금 15억 3000만 원, 개인어음 채권 상환 19억 원, 미지급 퇴직금 10억 원, 차량 할부금 상환 11억 원 등 모두 66억 원의 부채를 상환하는 성과를 거뒀다.

현재 108억 원의 부채가 있지만, 퇴직금 추계액(48억 원)을 제외할 경우 은행 대출금 16억 원과 차량 할부금 13억 8000만 원 등 나머지 부채 해결이 어려운 것만은 아니다. 여기에다 주택공사 택지개발지구에 포함된 상당구 용담동 본사 용지와 차고지 보상(35억-40억 원)이 올 연말쯤 이뤄지면 부채 부담을 한층 덜 수 있다.

그러나 이 시점까지 향후 7개월을 견딜 수 있을지 여부가 경영정상화를 가름할 '변수'이다. 버스업계 안팎에서는 우진교통 내부의 자구노력이 당연히 선행돼야 하지만, 청주시와 청원군, 노동부, 근로복지공단, 주택공사 등 유관기관이 어떤 자세를 취하느냐가 큰 변수가 될 것으로 보고 있다.

우진교통 구성원들은 급여지급 중단, 자산 매각 등 가능한 모든 수단을 동원할 계획이지만 내부 노력으로는 한계가 있기 때문이다. 이에 따라 우진교통은 주택공사의 택지개발 보상금 조기 지급과 차고지 확보 시점까지 일정기간 시유지를 활용할 수 있는 방안이 마련된다면 '가압류' 파고를 넘을 수 있을 것이라며 기대감을 표시하고 있다. 2009년 완공 예정인 석곡동 남부종점 위탁관리권을 청주시가 우진에 양도하는 것도 유력한 대안으로 보고 있다. 탄력적 배차 운용(감차)도 이들의 운영난을 덜 수 있는 방안이 될 수 있다. 특히 청주시와 청원군이 '우진'에 지원할 올 재정지원금의 조기 집행은 가장 현실적인 대안으로 꼽힌다.

우진교통 관계자는 "임금체불이 예상되기 때문에 근로복지공단에 조만간 생계비 대출을 신청할 계획"이라며 "관련 기관들이 '향토기업 살리기'라는 관점에서 근로자들의 피땀 어린 노력과 사태 해결 의지를 지켜봐줬으면 좋겠다"고 말했다.

청주시 관계자는 이에 대해 "우진교통이 희망하는 일부 방안은 특혜 시비와 업계 형평성 등 문제점이 발생할 수 있는 소지가 있어 면밀히 검토한 후 결정해야 할 사항"이라며 "지원금 조기 집행은 검토 중"이라고 밝혔다.[4]

'마른하늘에 날벼락' 같이 터져 나온 2008년 3월의 교통카드 압류 사태는 겉으로는 돈 문제였지만 실제로는 '사람'의 문제였다. 특히 사업주 중심의 회사가 노동자 중심의 회사로 전환되어 나아가고자 하는 과정에서 일부 구성원들이 노동자 자주관리라는 '노동의 가치'를 깊이 있게 공유하지 못한 사실이 핵심 문제였던 셈이다.

노동자들의 투쟁에 의해 다시 태어난 회사였지만 당시 '노동자 자주

---

4 한인섭, "진단/우진교통 가압류 사태 (하)", 〈충청타임즈〉, 2008. 5. 27.

관리 회사'라는 것에 대한 정체성이 확립돼 있지 않았어요. 노동조합
이 특히 그랬죠. 경영진에 대한 불만이 있는 직원들도 있었을 텐데,
노조가 경영에 참여를 하다 보니 기존의 노사관계 시각에서 보면 어
용처럼 보이잖아요. 그러던 중 몇몇 승무직 직원들은 경영팀이 뭔데
우리에게 이래라 저래라 하고 징계까지 하냐고 항의를 했고, 노조
에도 문제제기를 했죠. 경영팀 입장에서도 승무직이 너무 간섭한다
는 생각을 했고, 각자의 전문성에 대한 존중이 부족하고 서로 자기
의 권리만 주장하기 시작했어요. 사실 스스로가 사용자이자 노동자
라는 것이 어려운 문제이거든요. 그러면서 '정치'가 시작되더라고요.
일부 직원들이 조직을 만들었고, 체불임금과 퇴직금 압류 신청을 했
어요.[5]

---

5 김하영, "'직원이자 사장', 우진교통의 도전과 성공", 〈프레시안〉, 2013. 11. 1.

제2의 위기 탈출과 새로운 출발

이렇게 해서 상상 이상의 어려움이 닥쳤다. 그러나 '하늘이 무너져도 솟아날 구멍이 있는 법'이다. 노동자의 자부심인 자주관리기업이 무너지는 것을 두고 볼 수는 없었기에 특히 열성적인 노동자들이 중심이 되어 '비대위'를 구성하고 이들을 중심으로 뭉쳐나가기 시작했다. 비대위는 경영팀 임원, 과장급 이상 간부 직원, 노동조합 임원, 그리고 노조 대의원 등으로 구성되었다. 이들을 중심으로 전 구성원이 한마음으로 위기 극복에 나선 것이다. 그리하여 카드 압류의 위기를 넘는 또 한 번의 투쟁과정은 역설적으로 개별 구성원들과 조직이 모두 동시에 더 단단해지는 계기가 되었다.

사실 2004년 파업 기간 체불임금은 경영이 완전히 정상화된 뒤에 받기로 했었거든요. 그리고 2008년에는 경영이 좋아지던 상황이었어요. 그런데 압류신청을 하면서 교통카드 수입금을 압류한 거예요. 월수입의 60% 이상 끊긴 거죠. 남은 직원들이 결의를 했어요. '6개월 정도 임금체불을 각오하자' '저 사람들은 달라지지 않는다. 우리가 조금 더 고생하자'고. 현장의 힘이 중요했죠. 비대위가 구성돼서 조직을 단단히 붙잡았어요. 식당에서도 평소 조용했던 선배들이 '지금 밥이 넘어가냐. 다 같이 굶자'라고 할 정도로 분위기를 잘 다잡았고,

결국 반기를 들었던 직원들은 모두 자진해서 퇴사하며 다시 안정이 찾아왔어요.[6]

이렇게 회사는 노동조합과 함께 비상대책위원회를 꾸린 뒤 법적으로 강제집행정지신청과 청구이의소송을 제기했다. 다행히 강제집행정지명령이 받아들여져 당장 3월분 임금까지는 지급할 수 있었다. 하지만 회사의 긴급운영자금대책이 필요했고, 4월분 급여부터 지급할 수 없는 상황이라 이에 대한 대책 마련도 시급했다.

비대위에서는 압류 사태로 인한 임금 및 가불 처리 방안, 장기적으로 사태추이를 판단하며 자산 매각(버스 차량과 노선) 방안 등에 대한 내부 대응 내용과 압류집행으로 인한 회사 운영의 파행을 막기 위한 외부 지원 방안을 발표했다.

임금체불은 불가피했다. 기간은 최소한 총 6개월(5월부터 10월까지) 정도로 판단되었다. 회사는 제일 먼저 구성원들의 생활자금을 확보하기 위해 근로복지공단에 대출관련 업무가 원활하게 진행되도록 실무처리까지 세심하게 점검해 두었다. 1인당 500~700만 원씩 대출도 신청했다. 그리고 긴급회사운영자금 확보를 위해 전체 구성원들에게 도움을 요청했다.

그런데 놀라운 일이 일어났다. 임금도 체불되고 있는 마당에 많은 구성원들이 회사 공동체를 살리기 위해 의심의 여지없이 돈을 내

---

[6] 김하영, 같은 곳.

놓았다. 예컨대 주택을 담보로 대출금을 얻어 내놓거나 심지어 암 진단 확정으로 받은 보험금이나 적금을 해약해 생활자금까지 주저 없이 회사에 빌려주었던 것이다. 눈물겨운 상황이었다. 나아가 이렇게 절박한 상황 속에서도 단시간 노동자나 수습사원 등 보다 열악한 처지에 있는 노동자들의 임금만큼은 마지막까지 보호해 주자고 결의하기도 했다. 똑같이 어려운 상황에 처했어도 자신보다 어려운 사람들을 먼저 배려한 비대위의 결정은 서글픈 와중에도 아름다웠다.

어느 날은 회사 보유 현금이 단 7천 만 원에 이른 적도 있었다. 150여 명의 노동자 월급은 매월 무려 7억 원씩 나가야 했다. 규정대로 했다간 바로 부도 사태에 빠질 판이었다. 엄중한 상황이었다. 그날 김재수 대표의 얼굴은 새까맣게 타들어가다 못해 살짝 건드리기만 해도 눈물이 왈칵 터질 것 같았다. 김 대표는 이미 본인의 집 담보대출금, 가족의 퇴직금 담보대출금, 친구들로부터 빌린 대여금까지 현실적으로 모을 수 있는 자금은 모두 우진교통에 쏟아 부은 상황이었다.

그러나 한 일터에서 파업투쟁의 아픔을 함께했던 동료들의 생존권을 짓밟은 60여 압류자들은 대다수 동료들로부터 외면을 받았다. 같이 투쟁해서 스스로 만든 자주관리기업을 두 발로 서기도 전에 위기상태로 몰고 간 이들을 현장 동료들이 이해할 리 만무했다. 합법적이라 주장하던 압류자들의 논리는 더 이상 들리지 않았다. 그들은 시내버스 운행에 차질을 가하기 위해 집단 퇴직을 선택했고, 교통카드에 퇴직금 압류까지 걸고 떠났다. 남아 있던 구성원들은 당시 노선 운행에 차질을 주지 않기 위해 인원이 충원되기까지 휴일 없이 일해야 했다. 부족한 승무원을 뽑기 위해 6개월 동안 무려 아홉 차례에 걸쳐 신입 승무원을 공개 채용했다.

이렇게 자주관리기업 최대의 위기였던 압류 사태로 인해 소요될 예상금액은 모두 46억 원(체불임금, 퇴직금, 압류관련 법적비용 등)으로 추정되었으며, 실제로도 이와 크게 다르지 않았다.

이와 같이 카드 압류 사태는 자주관리기업으로 갓 출범한 우진교통에게 감당하기 어려운 위험 요인이었지만, 다른 편으로 이 위험 요인은 새로운 기회의 요인으로 전환되었다. '노동의 가치'로 단결한 구성원들의 저력이 있었기 때문이다. 남은 이들이 치러야 했던 희생과 노고야 이루 말할 나위가 없지만, 어떤 면에서는 '노동의 가치'를 전면적으로 내면화하지 못한 집단이 조직을 이탈함으로써 우진교통 입장에서는 구성원 내부의 동질성을 강화하는 계기가 되었다. 물론 이탈자 내지 압류자들에 대한 미운 감정이 완전히 가신 것은 아니다.

2004년 171일간의 파업을 겪은 세대와는 달리 2006년 10월경 공채 4기로 입사한 N씨조차 당시 압류 사태를 촉발하고 회사를 떠나버린 이들에 대한 '미운' 감정이 아직도 남아 있다고 했다.

"솔직히 나간 사람들이 한마디로 미웠어요. 그 중에는 친구도 있고 동창도 있고 선배도 있지만, 그럼에도 미웠던 건 사실이죠. 그 사람들은 그 전부터 근무태도가 좀 달랐어요. 물론 171일 동안 싸울 때

고생 많이 한 건 사실이겠지만, 회사가 좀 나아지자 '내 것부터 챙기자'란 생각을 했던 거죠. 그게 얄미운 거죠." (N씨 인터뷰, 2017. 10.)

그러나 모든 구성원들이 '나간 자'들에 대해 미운 감정만 가진 건 아니다. 오히려 그들의 입장을 헤아리면서도 우진교통이라는 소중한 공동의 일터를 제대로 지켜내기 위한 눈물겨운 인내와 공감의 힘이 조직과 구성원 모두를 성숙하게 만든 밑거름이 되었다.

"2008년 3월 이후 카드 압류 사태 때 정말 절망감이 컸죠. 속으로 '이렇게 (공든 탑이) 깨지고 마는구나' 했어요. 그러나 그럴 수는 없었죠. 그래서 우리가 좀 힘들더라도 봉급을 안 받더라도 차라리 그들 먼저 해주자. 그렇게 해서 우리는 6개월 치 임금을 받지 못했죠. 200명 정도가 그렇게 힘들어도 잘 이겨냈어요. 힘을 합쳐 잘 이겨내면 희망이 있을 것이라는 믿음이 있었던 거죠." (J씨 인터뷰, 2017. 10.)

이 카드 압류 사태라는 위기 상황에서 김재수 대표는 밤낮 없이 애를 태웠다. 답도 없는 질문과 의문이 24시간 이어졌다. 예컨대 이런 것들이다. 과연 우진 노동자들이 노동자자주관리기업을 만든 이유는 무엇인가? 우진은 과연 누구의 것인가? 책임은 어디까지인가?
꼬리에 꼬리를 무는 의문은 우진 경영팀은 물론 전 구성원들로 하여금 비로소 자주관리기업의 '정체성 정립'에 집중하게 해주었다. 일반 기업과 자주관리기업의 차이점을 객관화하는 평가도 하게 되었다. 그리하여 그 험한 여정을 이겨낸 전 구성원들은 이제부터 노동자자주관리기업의 공동체 정신, 전체 구성원의 권리와 의무의 형평성, 민주적 운영원리의 구현 등을 위한 구체적인 로드맵을 보다 착실히 준비하게 되었다.

그 결실이 마침내 제8차 비상대책위원회(2008. 6. 30.)에 제출된 우진교통의 '안정과 발전을 위한 프로젝트' 구상(이른바 '4대 과제')이었다. 압류 사태와 같은 비극이 재발되지 않도록 장기적이고 구조적인 관점에서 회사의 기틀을 다시 세우기 위한 것이었다. 2008년 9월부터 본격 추진된 그 4대 과제는 다음과 같다.

첫째, 자주관리 법규와 제도의 제정 및 정비 과제
둘째, 재무 구조조정 과제
셋째, 현장자치와 현장조직 강화 과제
넷째, 기타 당면과제(당좌거래 정상화, 차고지 택지개발 관련, 준공영제 기초단계 준비 등)

이 4대 과제를 수행하기 위한 절차와 방법부터 공유했다. 가장 먼저, 모든 과제는 회사의 장기적 안정과 수익성 증대의 관점을 포함해야 했다. 또한 절차적으로는 효율적인 의견 수렴과 토론을 보장하고 현장 구성원들의 총의가 반영된 1인 1표의 현장민주주의 구현에 충실해야 한다는 것을 기본으로 삼았다. 각 과제별 소위원회를 구성해 효율성과 전문성을 확보하기로 하였다. 그리고 전 구성원의 의견 수렴 과정은 총투표로 결정하되 간담회, 설명회, 공청회 또는 토론회 등을 통해 구성원의 다양한 이해와 욕구가 반영되도록 하였다. 그 결과 난관을 슬기롭게 극복하고 새로운 비전을 창의적으로 구현하는 가운데 우진 구성원들의 동질성이 높아졌고 정서적 공감대도 확장되었다.

> "가압류 사태 때 미운 그룹들이 나가버리는 바람에 역설적으로 구성원들 간의 동질성이 높아졌다고 할 수 있죠. 지금 생각해 보면 하늘이 도운 것이라 볼 수도 있어요. 남은 구성원들 입장에서는 이런 악몽을 또 경험하면서 다시는 절대 이런 일이 일어나서는 안 되겠다는 정서까지 공유하게 되었죠." (김재수 대표 인터뷰, 2017. 10.)

자주관리기업의 면모를 갖추다

'자주관리 법규와 제도의 제정 및 정비과제'에서 가장 근간에 두고 논의를 시작한 것은 자주관리기업 출범 이후 변화한 생산관계를 이해하는 것이었다. 다시 말해 '노사관계'가 아닌 '노노관계'로서 영역별 역할 분담에 의해 관계가 형성되는 현실을 적극 반영하기로 하였다. 먼저 용어 정리부터 시작했는데, 자주관리 정관 전문을 가다듬어 이를 중심으로 모든 규정과 시스템을 고민했다.

> 본 정관은 노동자자주관리기업 정신에 입각하여 전체 구성원이 노동자로서 동등한 권리와 의무를 부여받으며 투명하고 민주집중적인 운영을 통하여 노동의 가치 실현이 이루어지는 기업을 정립함은 물론 공익업체로서의 사회적 책임을 다하여 행복한 기업으로 도약하는데 그 목적이 있다. (우진교통 자주관리 정관 전문)

그리고 대립과 투쟁의 노사관계에 의해 규정되던 기존 용어를 자주관리기업 정신에 맞게 바꾸었다. 단체협약은 '노동협약', 취업규칙은 '경영협약', 단체교섭은 '자주관리협약'으로 바꿨다. 자주관리 공동결정위원회 활동 중 임금결정의 경우 대표 임금부터 단시간 노동자 임금까지 전체 사원에 대한 부분으로 확대해 운영했다. 조합원의 권익 대변과 자주관리기업 구성원의 권리와 의무 사이에서 혼란스러워하며 갈등하던 노동조합은 참여와 협력의 관계로 정리해 나갈 수 있었다.

또 현장민주주의의 실현을 위해 현장의 경영참여 시스템을 마련하였다. 이미 2005년 말부터 경영정책과 관련한 회의 단위로 실험적으로 운영해 오던 연석회의(경영관리팀과 노동조합 대의원 참석)를 '자주관리위원회'로 명문화했다. 이것은 상법상 이사회 역할을 하는 조직으로, 현장에서 선출한 8명의 구성원을 포함해 구성했다. 그리고 자주관리위원회 산하에 인사위원회, 자주관리공동결정위원회, 공동복지위원회, 채용평가위원회, 선거관리위원회 등 각종 자치위원회를 두고 역시 현장 인원을 포함해 구성하였다. 집단 지혜와 현장정서를 반영해 이루어지는 논의과정은 그 자체로 경영조직을 건강하고 활력 있게 만들 것이며, 이런 과정들은 건강한 기업문화를 형성하고 생산성을 향상하는 기초가 될 것이라 믿었다.

'재무구조 조정'에 있어서는 장기적 측면으로 압류 사태로 인한 임금체불금을 출자전환하는 방식을 고민했다. 재무건전성 확보와 압류 사태 재발을 막기 위한 방안으로 전체 구성원들은 이 내용을 총투표로 결정했다. 어느 누구도 이해할 수 없는, 특히 일반 기업의 관점에서는 있을 수 없는 일을 자주관리기업 구성원들은 우진교통의 미래를 위해 선뜻 선택한 것이다. 파업에 참여했던 선배로서 권리와 혜택을 주장하던 주인 된 권리는 자주관리기업의 행복한 미래를 위한 발판의 역할로 바뀐 것이다.

한편 자주관리기업의 핵심 세력인 '현장자치와 현장조직 강화 방안'으로 '현장자치모임'을 구성하고 활성화하는 방안이 논의되었다. 구성원의 경영설명회 및 각종 행사 참여를 확대하기 위한 활동, 동호회 등 각종 자치활동의 활성화를 위한 활동, 자주관리기업 소식지 발행 등이 논의되었다.

현장자치모임의 전신인 2005년의 분임조 실패 경험을 통해 이 부분에 대한 냉정한 평가가 이루어졌고, 그 결과를 바탕으로 '현장자치모임'의 지위를 현장에 기반을 둔 현장 자치 기구이자 회사의 공식 기구로 정립했다. 또 회사의 주요 현안, 현장 문제 공유와 토론, 대안 만들기, 현장 경험을 바탕으로 한 수입금 증대 방안, 자치모임 구성원의 화합과 단결을 위한 여러 활동, 교육, 문화, 인성 개발, 의사소통 등 각종 프로그램 진행을 주요 내용으로 운영 계획을 세웠다. 그리고 4대 과제와 관련한 여러 결정을 위해 토론과정을 현장자치모임별 간담회에서 진행하였다.

한편 '우진교통'이라는 소식지를 발행(계간)했다. 업무와 병행해 추가로 해야 하는 일이어서 언제나 시간은 부족했지만, 구성원과 가족들의 참여를 통한 소통창구 역할을 충실히 하기 위해 맡은 이들이 심혈을 기울였다.

각 소위원회 활동 외에 압류로 인한 임금체불이라는 극심한 고통을 겪고 있는 구성원들에 대한 배려 측면에서 '정년연장'을 검토하기도 했다. 이 내용은 노동부의 재정지원으로 진행하는 '고령자고용안정컨설팅' 대상으로 선정되었다. 자주관리기업 구성원의 고용 연장을 통해 일할 기회를 확대하는 것은 삶의 질을 향상시킬 것이며, 이는 곧 기업 안정화를 위한 구성원의 노고에 이바지하는 것이라 판단했다.

이에 고용 연장에 따른 임금구조의 문제 및 고령 노동자가 건강하게 일할 수 있는 근로조건 등을 중점으로 컨설팅을 진행했다. 그리고 65세 정년연장이 시내버스 운행 조건에 무리가 없다는 결과도 받았다. 이 결과에 의해 '65세 정년퇴직'이 노동협약에 명문화될 수 있었다. 함께 컨설팅에 참여한 서울의 녹색병원과 노무법인 '참터'에서는 어려운 위기상황을 전체 노동자 구성원들의 지혜를 모아 희망을 일구어가는 모습에 박수와 격려를 보냈다.

그 어느 사안보다 고통스러웠고 그렇기에 분노도 컸지만 자주관리기업을 살리기 위한 전체 구성원의 노력은 상상을 초월하는 위력을 발휘했다. 값비싼 대가를 치렀지만 비로소 노동자자주관리기업의 정체성을 다지는 계기를 만들었다는 의미는 빛날 수밖에 없었다.

2008년 11월 5일! 이 날은 고통스런 6개월의 임금체불이 끝나고 마침내 임금지급이 이뤄진 날이다. 회사를 또다시 절벽으로 몰았던 '압류 위기'를 극복한 날이기도 했다. 모든 구성원들은 서로 위로하며, 격려하며, 술을 마시며, 눈물을 삼키며 그 날을 보냈다. 6개월 만에 지급된 임금은 자주관리기업 최대의 위기를 극복하기 위해 전체 구성원이 고통을 감내한 단합의 결과였다.

이 모든 과정을 하나의 공유가치(shared value) 목록으로 정리하면 〈그림 1〉(111쪽)과 같다. 원래 공유가치란 핵심가치라고도 하는

〈그림 1〉 우진교통의 4대 공유가치

- **소유 공유**: 1인 1표, 대표/이사/감사 등을 노동자가 직접 선출, 매월 1회의 경영설명회.
- **결정 공유**: 경영자치, 노동자치, 제반 경영과 노동에 모두 참여, 7개 경영 자치위원회, 11개 노동자치분임조.
- **이익 공유**: 공동 복지, 우진공제회, 현장자치조별 국내외 여행, 노동배당, 비정규직 제로, 66세 정년 연장(호봉제).
- **문화 공유**: 자주관리교실, 역사문화 기행, 자주관리 워크숍, 직원 가족과 함께 하는 체육대회, 계간지 발행.

데, 조직 내에서 그 구성원들에게 바람직한 사고나 행동을 제시하는 기본 규범을 말한다. 우진교통에는 4대 공유가치가 존재하는데, 그것은 소유·결정·이익·문화의 공유가치다. 즉 모든 노동자 구성원들이 경영자치와 노동자치에 참여하며, 1인 1표의 원리로 목소리를 내며, 공동체적이고 자율적인 노동 문화를 창의적으로 만들어가는 것이다. 이렇게 소유·결정·이익·문화의 공유가치를 가진 조직은 일반적인 회사와는 전혀 다른 조직 풍토를 갖는다. 그래서 다른 곳에서는 '회사 가면 죽는다'고 하지만, 이곳 우진교통에서만큼은 '회사 가면 신난다'는 말이 나올 법도 하다.

5

다윗과 골리앗의 싸움
차고지 수호 투쟁

우진교통 생존권 및 차고지 수호 투쟁(2009년).

차고지 수호 투쟁(가족연대 참여, 2009년).

차고지 수호 투쟁 중 LH공사 앞에서 김재수 대표 및
홍순국 노조위원장의 108배.

차고지 수호 투쟁은 맨 처음 2008년 9월에 시작되었고, 본격적인 투쟁은 2009년 5월부터 53일간 진행되었다. 힘겹게 교통카드 압류 사태를 마무리하기 바쁘게 이번엔 '외부'에서 도전이 몰려왔다. 소중한 일터이자 본부 개념인 차고지가 택지개발에 편입되어 강제수용된다는 것이다. 우진교통 구성원들 입장에서는 '산 넘어 산' 격이었다. 그렇다면 도대체 차고지 투쟁이란 무엇인가?

차고지란 쉬운 말로 버스 종점 내지 버스의 집으로, 버스를 정비하고 수리하며 승객을 위해 청소도 하고 차량을 쉬게 하면서 보관을 하는 공간이다. 따라서 차고지란 버스 운송 사업의 성격상 일반 회사의 공장 또는 본사 사무실과 다름없다. 차고지가 없으면 버스도, 기사도 오갈 곳이 없어진다. 가끔 길가에 주차된 버스나 트럭들을 볼 수 있는데, 100대가 넘는 버스와 300명 가까운 기사들이 하루 이틀도 아니고 '매일' 길가에 웅크리고 있을 수는 없는 일 아닌가? 이렇게 차고지란 버스회사의 본부 역할을 하는 장소다.

우진교통 구성원들은 2004년 171일간 생존권 투쟁에 이어 2008년 봄부터 시작된 교통카드 압류 투쟁을 수습하는 과정에서 모두 마음고생이 엄청난 상태였다. 그런데 또다시 청주시 택지개발에 따른 차고지 강제수용 계획이 알려지며 차고지 투쟁이 막을 올리게 된다. 이른바 '차고지 수호 투쟁'이 진행된 구체적 경과를 살펴보자.

절박함과 위기감으로 다시 한 번!

이 차고지 투쟁의 배경을 굳이 살피자면 그 시점이 몇 년 전으로 더 거슬러 올라간다. 대한주택공사는 이미 2005년 말 사업기간이 2008년 5월 2일-2015년 3월 31일까지 약 7년간 이어지고 그 규모가 사업면적 약 62만 평에 이르는 '(청주시)동남택지개발사업'을 확정했다. 이어 시민들에게도 공람·공고한 바 있다.[1] 이에 우진교통 구성원들은 용암동 현 차고지가 그 개발사업 부지에 포함될 것을 알고 당시부터 위기감을 느끼기 시작했다.

그러나 공기업이 계획을 세웠다고 해서 무조건 따라야만 하는 것은 아닐 터. 그래서 구성원들은 총회를 열어 민주적으로 의견 수렴을 했다. 총의를 모은 결과, 주택공사가 택지개발 구역에서 우진교통의 차고지 부지만큼 빼줄 것을 요청하기로 했다. 택지개발을 하더라도 차고지 땅만큼은 거기에 포함되지 않았으면, 즉 현 상태 그대로 두었으면 좋겠다는 의견이었다. 우진교통은 시민들의 발이 되는 공공교통 분야를 담당하고 있는 사업체가 아닌가.

우진교통 경영팀은 "당사 차고지를 택지개발계획에서 제척하여

---

1 이하 지희구, 〈협동조합형 노동자자주관리기업 우진교통 이야기〉 4회분, 평등사회 노동교육원.

줄 것"을 요청하는 공문을 관련 당국에 보냈다. 별 신통한 답이 없었다. 이래저래 회사 사정을 설명하고 차고지를 현 상태로 놓아두기를 간청하는 공문을 한두 차례도 아니고 여러 번에 걸쳐 보냈다. 그러나 충청북도 당국은 결코 우진교통 편이 아니었다. 2005년 자주관리기업 출범 이후 최악의 위기인 교통카드 압류 사태와 임금체불로 전체 구성원의 고통이 심각했던 2008년 5월, 충청북도는 위 택지개발계획을 최종 승인해 주었다. 이어 대한주택공사(현 LH공사)가 지장물 조사를 실시하는 등 택지개발 사업계획이 급물살을 타며 진행되고 있었다. 우진교통 전 구성원들은 심한 실망감과 배신감을 느꼈다. 그러나 모든 일은 감정대로만 되진 않는 법이다.

만일 우진교통 차고지가 강제수용된다면 어떻게 할 것인가? 경영팀과 현장 자치조원들, 즉 전 구성원들이 고민에 고민을 거듭했다. 먼저 영업적인 측면과 차고지 위치 등의 밀접한 연관성을 고려해 인근에 차고지를 구해야 하는데, 법적으로 '연접' 조건에 걸려 인근 지역에서 차고지를 구하는 것은 거의 불가능했다. 그렇다고 거리가 멀어지면 당시 무상으로 이용하고 있던 동부 종점을 더 이상 이용할 수 없다는 문제도 있었다. 그러나 가장 중요하고 시급했던 것은 우진교통의 현실 조건이 (기존 경영진으로부터 승계 당시) '부도 사업장'으로서 신한은행 채권 17억 원과 각종 채권(임금)이 권리행사 대기 중이라는 점이었다. 그래서 설사 주택공사로부터 토지보상금을 지급받더라도 시급한 각종 채권을 처리하고 나면 새로운 차고지를 위한 토지매입자금이 거의 없다는 점이 핵심 문제였다. 논리적으로

따지고 보더라도, 차고지 강제수용 시, 한마디로 길거리에 차를 세워야 하는 비상사태가 또 한 번 닥치는 셈이다.

이렇게 되면, 주요 승객인 청주시민들에게 막대한 일상생활의 지장을 초래할 뿐 아니라 당장 우진교통 1천여 가족들의 생계도 막막해질 수밖에 없는 상황이었다. 이런 점을 감안해 준공공 사업장인 '시내버스업체'라는 점을 강조하며 다시 대한주택공사에게 기존 차고지의 제척을 거듭 요구할 수밖에 없었다.

그러나 대한주택공사에게 용암동 우진교통 차고지(현 차고지)는 엄청난 개발이익을 안겨줄 강제수용 대상 중 하나일 뿐이었다. 노동자 생존권의 가치나 우진교통이라는 회사의 존속 의미 따위는 그들의 고려사항이 아니었다. 이렇게 각종 호소와 청원에도 불구하고 당초의 사업계획이 차곡차곡 진행되자, 절박함과 위기감을 느낀 우진교통 구성원들은 전원이 총 단결해 다시 한 번 일어설 수밖에 없었다.

53일간의 대장정

2008년 9월 26일, 교통카드 등 압류 사태로 인해 임금까지 체불되던 어려운 상황에서 설상가상으로 소중한 일터인 차고지마저 빼앗길 위험에 처하자 노동조합은 '차고지 강제수용 반대 및 생존권 사수 결의대회'를 열었다. 또 당일 주택공사 측과 간담회도 진행했다. 그 결과 노동자들의 단합된 의지가 예사롭지 않음을 간파한 공사 측은 마침내 "합리적 사유가 있으면 제척이 가능하다"고 응답했다. 이에 노동자들 스스로도 놀랐다.

단결의 힘은 그렇게 무서웠다. 실력행사에 나서기 전 공식 문서를 통해 지속적으로 제척 요구를 했음에도 그 어떤 답변도 없었던 사실에 비해 큰 진전이었다. 게다가 그간의 침묵에 대해 주택공사 측으로부터 일정한 사과를 받아내기도 했다. 나아가 향후 우진교통 차고지 문제와 관련해 '실무협의 라인'을 형성하기로 하였다. 그동안 무관심 및 미온적 반응으로 일관하던 주택공사에게 우진교통의 차고지 문제가 중요한 이슈가 될 수밖에 없도록 주지시킨 좋은 계기였다. 이제 우진교통 전 구성원들은 일말의 진전에 힘을 얻으면서도 향후 쟁점의 구체화 및 요구사항에 대한 준비에 더욱 박차를 가해야 했다.

택지개발과 관련해 주공 측이 제안한 내용을 포함한 네 가지 협상안이 구성원들의 총의를 반영해 마련되었다. 그리고 택지개발 보상과 관련한 향후의 대응 흐름에 대해 자주관리위원회 차원의 논의도 추진되었다. 우진교통에서 자주관리위원회는 일반 주식회사의 이사회에 해당할 정도로 높은 차원의 의사결정을 담당한다. 그만큼 차고지 문제는 회사의 운명을 가르는 중대한 이슈였다.

수차례 열린 자주관리위원회에서는 첫째 시나리오로 차고지 제척, 둘째 시나리오로 인근에 대체부지 마련, 셋째 시나리오로 현재 그대로 존치 등 협상안으로 부상한 것들에 대해 검토와 논의를 거듭했다. 협상안 마련의 판단 기준은 철저히 구성원의 생계(회사의 재무안정)가 최우선돼야 한다는 것이었다. 다시 말해 추가 지출이 없어야 할 것, 차고지 영업의 적합성이 있어야 할 것, 토지의 미래가치를 충분히 고려할 것, 향후 준공영제나 청주-청원 통합 관련한 버스정책의 영향 등을 고려할 것 등의 내용이었다. 주택공사가 기존의 경직된 입장을 벗어나 제1의 사회적 가치인 생존권 차원에서 자체 재량권을 최대한 활용하도록 하는 것이 우진교통 구성원들이 제시한 대응 전략의 주된 논리였다.

2009년 제4차 자주관리위원회 논의 이후 결정된 안을 전체 구성원들이 공유하기 위해 현장자치모임의 조장 및 총무들까지 참여하는 워크숍을 추진했다. 2008년 봄 교통카드 등 압류 경험 이후 자체적으로 구성한 현장 조직인 현장자치모임의 실질적이고도 구체적인 실천들이 계획되었다. 다양한 의견과 질문이 오가며 조직적·인간적 이해의 폭이 깊어질 수 있었다. 그리고 이 과정에서 2004년 생존권 파업투쟁의 승리를 가져왔던 '단결의 정신'이 다시금 압류의 위기까지 극복하고 (시스템으로 정착되어 가던) 자주관리기업과 현장자치 조직의 '공동체 정신'으로 계승되고 있었다.

아, 진짜 막막하더라고요. 겨우 숨 쉬게 되니까 다시 일터가 없어진다고 하니… 하지만 냉정하게 이제 우리가 할 일이 무엇인가를 생각해 보게 되었지요. 솔직히 171일간의 파업투쟁과 압류로 인한 임금 체불 등을 경험하고 나서인지 자주관리기업을 지키는 내성이 생긴 것 같더라고요. 워크숍을 다녀온 이후 전체 구성원 대상의 설명회가 추진되었어요. 파업 때나 압류 때처럼 차고지 사수 투쟁도 지도부들을 믿고 계획한 것을 전체와 공유하고 결정하며 흩어지지만 않는다면 승리할 수 있을 것이라는 확신이 있었지요. 몇 개월이 걸린다 해도 우리는 끄떡 않고 싸울 수 있는 그런 깡 같은 게 불끈 솟구치더라고요. 그래서 자신도 있었고.[2]

그리하여 '아래로부터의' 논의와 소통을 통해 마침내 '우진교통 생존권 및 차고지 사수를 위한 투쟁기획단'이 구성되었다. 외부 기관 및 언론 홍보를 위한 연대사업팀은 물론 주택공사와의 지속적인 협상에 몰두할 수 있도록 실무교섭팀까지 배치하고, 노동조합에서는 현장투쟁조직팀을 별개로 만드는 등 전방위적인 준비를 해나갔

---

2 G 승무원 회고담, 〈자주관리교실〉 자료집 중에서.

다. 본격적인 차고지 수호 투쟁이었다.

그렇게 착실하게 준비한 끝에 2009년 4월 30일, 우진교통 전 구성원의 입장을 담은 기자회견문을 청주시청에서 처음 발표했다. 그리고 다시 투쟁 흐름과 관련해 현장자치조원들과 공유하는 시간을 가졌다. 단결과 연대, 공동체적 소통이 생존권 투쟁의 결실인 자주관리기업을 끝까지 지켜내려는 열기로 더 한층 타올랐다.

그리고 2009년 5월 7일, 대한주택공사 충북본부 앞에서 기자회견을 한 이후 곧바로 길거리 천막농성에 돌입했다. 이로써 53일간의 본격 투쟁이 개시되었다. 김재수 대표는 이날부터 길거리 천막농성을 하며 '강제수용 철회, 우진교통 차고지 사수'를 위한 '하루 세 번 108배' 운동을 시작했다.

노동조합 간부들과 경영팀은 천막사수조로 편성되었고, 회사의 안정적 운용을 위해 업무팀과 투쟁팀을 구분해 편성하였다. 구성원들은 집중집회, 자치모임별 집회 및 토론회, 길거리 홍보전, 대시민 지지서명운동 등을 힘차게 수행해 나갔다. '긍정적 집단기억'이 있었던 탓인지 운동의 열기는 뜨거웠고 투쟁은 몸에 잘 달라붙었다.

그리고 어느 날부터 가족모임까지 진행되었다. 시간이 되는 가족들이 집회에 참석해 힘을 실어주었고 차고지 문제 해결을 위한 청원 글을 인터넷에 올리기도 했다. 주변에서는 골리앗(자산 규모 40조의 LH공사)에 대항하는 다윗(200억 규모의 우진) 꼴의 우진교통에 대해 비극적인 결과를 예측하기도 했고, 일부는 그간의 위기를 극복한 저력 (긍정적 집단기억)으로 차고지를 지켜낼 수 있을지도 모른다는 희망을 점치기도 했다. 그러나 우진교통 구성원들은 행운을 기대하지 않았다. 오로지 철저한 계획과 끊임없는 토론과 검토, 결정에 따른 흔들림 없는 실천을 믿었다. 물론 우진의 문제가 '남'의 문제가 아님을 인식하고 후원하고 지지해 준 시민들의 연대와 진실한 언론이 큰 힘이 되었다.

지역 방송언론사의 도움이 컸지요. 지역 라디오방송에서 주공 본부장과 김재수 대표의 인터뷰를 그대로 방송한 적이 있는데, 아마 주공은 창사 이래 공식적으로 그렇게 무차별 공격을 받은 적이 없었을 겁니다. 그 무엇도 생존권에 우선하지 않는다는 순리에 꼼짝없이 당한 거지요. 우진교통이 이슈가 된 것만으로도 주공은 부담이었을 텐데. 한번은 우진교통의 주장은 억지라는 부정적인 내용을 보도하려는 기자와 뉴스 직전까지 싸웠던 기억이 납니다. '얼마나 잘되나 두고 보겠다'던 그 기자를 지금도 봅니다. 잘될지 알았다고(웃음). 어쨌든 지역 언론은 흔들렸지요. 시청의 중재를 요구하기도 하고 개발이익에 눈먼 주공의 전략을 비판하기도 하다 집회 문화의 새로운 패러다임으로 등장한 우진교통의 질서정연한 집회 장면을 소개하기도 했으니까요.[3]

그렇게 결연한 의지로 '끝까지' 싸워 나가던 때인 2009년 6월 24

---

3 당시 우진교통 총무과 언론 담당자, 〈자주관리교실〉 자료집 중에서.

일, 우진교통 노동자들은 대한주택공사 본사 측으로부터 "차고지 존치가 타당하다"고 판단한 공문을 확보했다. 모두 눈이 휘둥그레졌다. 이것을 위해 그토록 싸웠는데도 막상 그런 공문을 받으니 믿기지 않았다. 함정이 있는 건 아닌가 싶기도 했다. 얼핏 보기에 우진교통 구성원들의 승리로 보였지만, 오히려 더 차분하게 여러 측면으로 검토했다. 재확인을 하기 위해 다른 곳에 알아보기라도 해야 했다.

우선 청주시청에 알아보았다. 청주시청 역시 동남택지개발 내 종점지 조성 시 우진교통의 차고지 사용과 관련한 내용을 검토하고 있음을 확인했다. 이에 관련 공문을 요청했고, 나중에 명문화한 공문을 마침내 받을 수 있었다. 천막농성 49일 만에 처음으로 겨우 한숨을 돌리는 순간이었다.

그리고 마침내 천막농성 53일째 되던 날, 2009년 6월 28일이었다! 대한주택공사는 "청주 동남지구 택지개발사업을 진행함에 있어 우진교통(주)의 차고지, 건물, 관련 시설물을 존치한다"는 내용을 핵심으로 하는 합의문안을 보냈다. 믿을 수 없는 일이 현실이 된 순간이었다. 공문을 함께 본 경영팀과 구성원들의 눈에 눈물이 핑 돌았다. 그러나 자주관리기업인 이상 이러한 결정에 전 구성원의 의견을 묻는 절차가 필요했다. 이 합의문에 대한 전체 구성원의 총투표가 실시되었다. 아니나 다를까, 전 구성원 중 98퍼센트의 찬성으로 '존치 결정'이 통과되었다.

얼마나 소중한 승리인가. 따지고 보면 원점 그대로인데, 한 번은 내부에서 또 한 번은 외부에서 위기와 도전이 불어닥쳤다. 어쩌면 자주관리기업 우진교통의 저력을 시험하는 통과의례였는지 모른다. 이 차고지 투쟁만 해도 집중집회 및 가두행진 20회, 현장자치조별 길거리 선전전 및 서명운동 총 14회, 시민 1만 1300명이 동참한 가두 캠페인, 실무협상 총23회 등이 진행되어 2009년 봄에 시작한 길거리 농성 투쟁이 비로소 여름에 끝이 난 것이다. 이렇게 해서 53일간 진행된 천막농성이 대단원의 막을 내렸다.

꿈은 만들어가는 것

그런데 이 승리의 기쁨만큼 차고지 투쟁의 성과에서 꼭 챙겨야 할 다른 지점이 있다. 부끄러울 정도로 최대 위기였던 우진교통의 내홍에 의한 교통카드 압류 사태 이후, 위기는 극복했지만 그간 우진교통에도 자의든 타의든 일종의 '세대 격차'가 생기고 있었기 때문이다.

실제 전체 구성원의 절반이나 차지하는 신입 승무원들(대체로 '공채 세대'로 불림)과 2004년의 파업을 경험한 고참 승무원들(대체로 '파업 세대'로 불림)과의 정서적 일체감 부족으로 새로운 갈등이 조금씩 불거지고 있었기 때문이다. 비록 앞에서 '긍정적 집단기억'이라는 공동의 기반이 존재했다고 했지만, 다른 편에서는 그런 공동의 기반을 침식할 수 있는 내면적 갈등의 틈새(공감 격차)가 생기고 있었던 셈이다.

그런데 차고지사수투쟁 종료 후 '투쟁기획단 총평가' 내용에 다음과 같은 내용들이 있었는데, 대표를 비롯한 대다수가 놀랄 정도로 차고지 수호를 위한 공동 투쟁의 의미와 보람이 컸다.

- "차고지사수투쟁을 통해 우진교통 역사성에 대한 자연스런 이해와 정서적 차이를 극복할 수 있는 계기가 되었다."
- "투쟁과정에서 조합원들이 자주관리기업의 공동체의식 등을 자연스럽게 배우며 의식의 변화 등을 가져왔다고 본다."

- "지도부의 철저한 계획 수립과 구성원의 일치단결의 모습이 조화를 이루었다. 2004년 파업투쟁 때보다 훨씬 조직적이었다고 본다."
- "우리 회사와 관계 있는 단체, 거래처 등의 지지의 마음도 큰 힘이 되었으며 타 운수회사 승무원들의 지지도 많았다. 그리고 지역연대의 굳건한 틀이 큰 힘이 되었다."

이와 같이 차고지 수호 투쟁은 단순히 우진교통 구성원들이 총단결해 집합적 이해관계를 관철하는 과정이었을 뿐 아니라, '일치단결' '공동체의식' '연대의 굳건한 틀' '정서적 차이의 극복' 등에서 표현되는 것처럼, 내부 분열 내지 내부 갈등의 틈새를 하나씩 메워나가는 과정이기도 했다.

이런 평가를 보고 김재수 대표는 감격에 젖었다. 당시 김재수 대표의 솔직한 심정을 이렇게 말할 수 있을 것이다.

학교에서 전혀 배운 것도 아닌데, 몇 년의 시간 동안 우리 구성원들은 서로 모른 체하면서도 서로를 아끼고 노동자자주관리기업을 지키는 일을 본능적으로 체화하고 있었나 보다, 하며 동지들에 대한 무한 신뢰의 감정이 몰아쳐 가슴을 내리치는 것 같았다.[4]

---

4 이 부분은 지희구 자주관리실장의 관점에서 당시 상황을 정리한 것임.

우진교통은 이렇게 스스로 '꿈은 만들어가는 것'임을 온몸으로 보여주었다. 2009년 차고지 및 생존권 사수 투쟁의 승리는 회사와 노동조합, 전체 구성원 모두가 더 한층 높은 수준에서 혼연일체로 단결한 덕이었다. 또 이 승리는 다시금 노동자자주관리기업의 공동체 정신, 구성원간 정서적 일체감 형성에 탄탄한 계기가 되었다. 요컨대 반복적으로 다가온 긴 투쟁의 과정은 앞서 말한 '긍정적 집단기억'을 다시 강화했다. 당연하게도 이러한 '긍정적 집단기억'의 강화는 향후 우진교통이라는 자주관리기업의 변화와 발전에 굳건한 원동력으로 작용할 것이다.

한편 모든 우진 구성원들은 서로를 격려하는 전체 자리에서 승리에 자만하지 않고 노동자자주관리기업으로서 사회적 가치를 충실히 실현하고 시민을 위한 운수업체로서 친절과 안전을 최우선으로 하는 일등 기업으로 전환하겠다고 다짐하고 약속했다.

당시 압류 해결 투쟁에 이어 차고지 수호 투쟁의 결론적 합의 과정까지를 소개한 지역신문 〈충북인뉴스〉는 이렇게 기록하고 있다.

…(카드 압류 등으로) 최대의 경영위기에 몰린 우진교통은 남은 조합원들이 6개월 간 임금을 받지 않고 버티며 또 한 번 위기를 극복했다. 임금체불 시기였던 2008년 7월에는 조합원들이 참여하는 '임금결정위원회' '인사위원회'를 구성키로 했다. 노동자 스스로 임금을 정하고 과오를 평가하는 시스템을 제도적으로 정착시킨 것이다. 노동자자주관리기업 출범 3년여 만에 제도적 완성을 선언한 셈이다.

아울러 우진교통 구성원들의 숙원이었던 차고지 문제까지 해결의
실마리를 찾게 돼 경영 효율화에 큰 전기를 맞게 됐다.
'꿈★은 이루어진다', 2002년 서울월드컵 4강 신화를 일컫는 말이다.
하지만 우진교통의 회생 신화는 결코 그냥 이뤄진 것이 아니었다.
그들은 고비마다 '꿈은 만들어가는 것'임을 실증했다. 노동자자주관
리기업의 꿈이 또 어떤 모습으로 진화할지 주목된다.[5]

2008년은 카드 압류와 차고지 수용 문제가 동시에 겹쳤던 시기
로, 우진 구성원들에게는 2004년 생존권 투쟁 이후 최악의 상황이
었다. 2004년 7월부터 시작된 생존권 수호를 위한 총파업투쟁이 기
존 경영진을 상대로 했다면, 2008년 3월의 교통카드 압류 사태의 위
기 극복 과정은 역설적으로 구성원 내부의 이질성을 극복하고 동질
성을 강화하는 과정이었다. 또 2008년 9월 이후의 차고지 수호 투쟁
은 대한주택공사로 상징되는 공공기관을 상대하는 과정이었다.

오늘날 우진교통이 '노동자의 희망을 실천한다'는 자주관리기업
으로 그 선구자적 면모를 드러내게 된 것은 결코 저절로 이뤄진 것
이 아니다. 왜냐하면 '산 너머 산'처럼 반복적으로 다가온 위기와 도
전 앞에서 결코 굴하지 않고 '집단 지혜'를 모아 올바른 방향성을 잡
아가며 합심 단결로 모든 도전을 효과적으로 이겨낸 것이 그 핵심이
기 때문이다. 이렇게 구성원들의 단결된 마음에 기초해 대내적 · 대

---

5 권혁상, "'꿈을 만들어가는' 우진교통", 〈충북인뉴스〉, 2009. 7. 1.

외적 위기 요인들을 정면 돌파하는 가운데 나름의 지혜와 저력을 축적할 수 있었고, 그에 기초해 '긍정적 집단기억'을 더욱 많이 공유하게 되었다. 그리고 바로 이 저력이 오늘날의 노동자자주관리기업 우진교통을 더욱 굳건하게 발전시키는 원동력이다.

6

노동자 자주관리, 어떻게 하나
우진교통의 혁신 경영

경영자치-제6기 자주관리위원회(2017년).

자주관리워크샵 교통안전교육(2012년).

직무자치 활동 현장자치모임(노동자치).

자주관리기업의 노동가치

앞에도 소개했지만 우진교통(주)의 자주관리 정관 전문은 다음과 같다.

> 본 정관은 노동자자주관리기업 정신에 입각하여 전체 구성원이 노동자로서 동등한 권리와 의무를 부여받으며 투명하고 민주집중적인 운영을 통하여 노동의 가치 실현이 이루어지는 기업을 정립함은 물론 공익업체로서의 사회적 책임을 다하여 행복한 기업으로 도약하는데 그 목적이 있다.[1]

여기서 말하는 '노동자자주관리기업'이란 생산수단의 사회적 소유를 전제로 전체 구성원인 노동자가 경영·노동·분배에 대해 스스로 관리·운영하는 기업의 형태를 뜻한다. 이는 국내외의 다양한 자주관리기업 사례에서 발견되는 보편적인 특징이다.

그렇다면 자주관리 정관에서 말하는 '노동의 가치 실현'이란 무엇을 말하는가? 그것은 첫째, 노동의 주체성, 둘째, 노동의 책임성, 셋째, 노동의 연대성을 뜻한다고 볼 수 있다. 이를 하나씩 살펴보자.

---

1 김재수, "2012년 자주관리기업론", 자주관리교실 강의 자료.

노동의 주체성이란 노동자가 경영관리의 대상에 머무는 것이 아니라 자주적인 자세로 경영 및 노동의 주체로 재정립하는 것이다. 우진교통에서 노동자는 노동의 주체임과 동시에 경영의 주체다.

> "우리가 주인이란 생각, 우리가 만들어야 한다는 의식, 이런 걸 대다수가 공유하고 있어요. 대표님도 그 모든 규정을 잘 지키고 구성원들 목소리를 경청하며 신뢰하고 있지요. 말만 하는 게 아니라 실천으로 보여주고 있고요. 대표님 월급이 노조위원장과 같다는 사실만 해도 이미 많은 걸 얘기하잖아요?" (K씨 인터뷰, 2017년 10월)

다음으로, 노동의 책임성이란 노동자가 수행하는 노동 내용이나 노동과정에 대해 책임감을 갖는 것이다. 그것은 직무와 자신 사이의 개별적 책임과 더불어 회사 조직, 그리고 노동 서비스를 제공받는 일반 시민 내지 승객, 나아가 사회 전체에 대한 책임이기도 하다.

> "파업 세대나 공채 세대나 90% 이상이 직무자치에 참여하고 있어요. 주인의식이 높은 편이죠. 특히 우리는 위기 상황에서 더 잘 뭉치는 것 같아요. 내 몫만 챙기자는 의식이 아니라 우리 회사를 살리자는 책임감 때문이죠." (N씨 인터뷰, 2017년 10월)

끝으로, 노동의 연대성이란 우진교통 노동자가 우진교통 구성원들 사이의 연대만이 아니라 동일 업종의 여타 버스 노동자와의 연대는 물론 전체 사회의 노동자 일반과 동일한 정체성을 공유한다는 의식, 즉 노동자 연대감을 갖고 실천하는 것이다.

> "우진교통 노조는 내 식구 챙기기보다 외부 연대나 집회에 올인해 왔다는 지적이 일부 있기도 하죠. 우선은 우진교통이 잘 발전하기 위해 (노동과 경영이) 동반자 관계 속에 내부도 잘 챙겨야 하지만, 보다 더 큰 차원에서 노동자간 연대 역시 중요하죠." (P씨 인터뷰, 2017년 10월)

원래 자본과 노동의 관계란 본질적으로 상대적 힘 관계로 나타나기 쉬운데, 그 원리상 자본은 노동을 분열시킬수록 힘이 강해지고, 노동은 단결할수록 힘이 강해진다. 그래서 자본이나 권력은 노동이나 민중을 '분할 통치'하려는 경향이 생긴다. 반면 노동 진영은 단결과 연대, 소통과 협력을 통해 온갖 고난을 극복하고 각종 권익을 성취하고자 한다. 노동자의 힘은 굳건한 연대 속에 있다.

> "노동가치나 자주관리의 뜻을 잘 모르는 사람들은 민주노총 차원에서 연대 활동을 하는 것을 별로 달가워하지 않기도 해요. 하지만 우리 우진이 수많은 고난극복 과정을 거쳐 오늘에 이르기까지 민주노동 진영과의 연대가 없었다면 불가능했다는 점도 잘 알아야 해요."
> (J씨 인터뷰, 2017년 10월)

이러한 노동자자주관리기업으로서의 우진교통의 특징은 자주관리기업이 자본주의 양극화는 물론 사회주의의 관료화에 따른 폐해를 동시에 극복하고자 하는 대안적 노력들과도 맞닿아 있다. 이런 면에서 현재 우진교통이 10여 년 이상 존속하면서 이뤄낸 성취는 동일한 자본주의 사회 안에서 얼마든지 대안의 실험이 가능함을 보여준다. 나아가 이는 향후 더 이상 이윤과 경쟁을 원리로 하는 시스템이 아니라 필요와 협동을 원리로 하는 대안적 시스템이 구축될수록 더 빠른 속도로 확장될 수 있음을 시사한다.

요컨대 우진교통이라는 작은 회사가 실험적으로 보여주는 자주관리 경영방식은 결코 작은 실험이 아니다. 그것은 나름의 역사성과 사회성을 띠고 있으며, 현존하는 체제 내지 시스템의 형태를 불문하고 실질적인 산업민주주의 내지 현장민주주의에 기초한 각종 조직체계와 제도를 재정립하는 토대가 된다.

그러나 현실적으로 자주관리기업은 (한국만 보더라도) 자본주의 경제 체제라는 거대한 바다에 떠 있는 아주 작은 '섬'에 불과하다. 물론 한국에서는 2013년부터 협동조합에 대해 법제도적인 보호장치가 마련되어 있으나, 자주관리기업에 대해서는 아직 국가의 법체계로부터 보호받지 못하는 것이 현실이다. 따라서 우진교통은 스스로 자주관리기업의 정체성을 확보하면서도 일반 기업으로서 건실하게 생존해야 하는 이중의 의무를 부여받고 있다. 최근 협동조합 형태로 구조 전환을 모색하게 된 것도 바로 이런 배경 아래서다.

소유·운영·분배에서의 자주관리

우진교통의 자주관리는 먼저 소유에 있어 이전 경영진으로부터 양도받은 주식 지분에 대해 개별화하지 않고 사회적 소유를 지향한다. 즉 50퍼센트의 주식에 대해서는 공동(집단적) 소유의 의미로 지역의 공익 인사 1인에게 신탁해 사회화 형태를 갖추었다. 앞에서 말한 대로, 역사학자 김정기 교수가 맡고 있다. 그리고 나머지 주식 50퍼센트는 점차 전 구성원이 출자전환 등으로 분산 소유하는 형태로 나아가고 있다.

이를 보다 구체적으로 살펴보자. 버스 기사 등 모든 조직 구성원들이 1인당 500만 원 내외의 현금 출자를 기본으로 하여 주주가 되었다. 또 2008년 조직적 내분을 겪으면서 구성원들이 받아야 할 체불임금을 출자금으로 전환했다. 이를 통해 약 40퍼센트의 주식을 유상으로 매입함으로써 전체 구성원이 분산 소유하게 되었다. 나머지 약 10퍼센트는 일부 구성원들이 100주를 기본으로 추가 소유하게 되었다. 그래서 전체 주식의 50퍼센트는 사회적 소유로, 나머지 50퍼센트는 전 구성원과 회사가 분산 소유해 우진교통은 명실상부 노동자자주관리기업이 되었다.

다음으로 운영 원리에 있어서는, 전체 구성원이 자주관리 정관에 따라 가장 민주적인 방식으로 통하는 '1인 1표의 권리'를 부여받으며, 총회나 자주관리위원회, 각종 자치위원회, 경영설명회 등을 통해 의사결정 및 경영에 직·간접으로 참여한다. 이의 구체적 작동 방식에 대해서는 나중에 살펴보겠다.

분배 역시 구성원 전체가 참여해 골고루 혜택을 받을 수 있게 되어 있다. 일상적인 임금이나 보험 등은 물론 각종 복지시설 사용권이나 자녀 장학금 등의 형태로 경영 수익에 대한 분배가 공정하게 이뤄지도록 설계되어 있다. 조직의 효율이 향상되는 것과 비례해 임금이나 복지 등 다양한 형태로 구성원들에게 혜택이 돌아간다. 투명경영과 민주경영의 원칙 덕분이다.

우진교통은 2005년 출범한 이래 이러한 민주적 소유 및 운영 원리에 기초해 달려가고 있다. 다른 한국 기업들에서 스트레스나 '갑질', 나아가 산업재해나 과로(사)로 고통 받는 노동자들이 수없이 많다는 점을 생각해 보면, 우진교통의 실험적 기업 경영은 가히 선구적인 모범 사례라 할 만하다.

한편 우진교통이 이렇게 자주관리기업으로 정립할 수 있게 된 데에는 모든 구성원들의 역량과 의지가 얼마나 충분히 갖추어졌는지의 문제가 관건으로 작용했다. 즉 노동의 주체인 전 구성원들은 경영과 노동의 과정, 그리고 분배에 있어 어떻게 자기 역할을 해내야 하는지 스스로 고민하며 구체적 역할을 모색하고 접근을 시도했다. 이런 면에서 조직 전체가 사회에 대해 가지는 '기업의 사회적 책임' 못지않게 구성원들이 조직에 대해 갖는 '구성원의 조직적 책임'도 중요하다.

요컨대 우진교통의 구성원들은 기업의 안정과 성장을 위해 일하는 '종업원'으로서만이 아닌, 경영과 노동 과정에 직접 참여하는 권력 내지 권한의 '주인공'으로 스스로를 인식하고 실천하는 모습을 보여준다. 바로 이런 점이야말로 자주관리기업 우진교통의 진정한 정체성이며, 우진교통이 지향하는 노동가치의 구체적 실현이라 할 수 있다.

앞에서 말한 대로 이미 전 세계에는 다양한 조건에서 자주관리기업의 형태나 운영원리가 존재해 왔으며 지금도 존재하고 있다. 우진교통이 자주관리기업을 선택한 것은 2004년 171일 파업의 결과로, 노동자의 생존을 위한 유일한 대안이라 판단했기 때문이다. 따라서 우진교통의 존재 이유는 자주관리기업의 가치 실현을 통해 노동자의 행복지수를 드높이는 것이라 할 수 있다.

한국의 노동자자주관리기업 역사

기업의 자주관리 사례는 결코 하늘에서 떨어진 것이 아니다. 이미 우리나라 역사에서도 찾아볼 수 있다. 1945년 해방 직후 일본인 자본가들이 운영하던 공장들이 폐쇄되거나 처분되자 생계의 위협에 내몰린 노동자들이 그 공장을 자체 인수해 스스로 운영하고 관리하는 자주관리운동이 왕성했던 적이 있다.

특히 당시 진보적 노동운동 조직이었던 전평(조선노동조합전국평의회)은 자주관리운동을 조직적으로 전개하기 위해 1945년 해방 직후부터 일본인이나 민족 반역자 및 친일파의 기업 일체에 대해 인수권이나 관리권을 노동자에게 주자는 운동을 주도했다. 그러나 불행히도 미군정에 의해 자주관리운동은 불법화되어 폭력적으로 탄압받으며 1946년 이후 자취를 찾아보기 어렵게 되었다.

약 70여 년 전의 자주관리 실험은 역사적으로 사라지고, 대신 진보적 노동운동에 대한 체계적인 탄압으로 인해 전 사회에 걸쳐 노동운동에 대한 심층적 두려움이라는 집단 트라우마가 존재하는 상태다.

이후 1997년 말에 닥친 'IMF 외환위기' 상황으로 부도 기업이 속출하자 1998년부터 부도 기업에 대한 노동자 인수와 지원을 통해

실업문제나 고용안정에 효과적으로 대응하려는 시도가 나왔다.[2] 특히 김대중 '국민의 정부'가 정책적으로 이러한 시도를 지원했다. 물론 당시의 시도들은 현재의 우진교통이 지나온 역사와도 유사한 면이 있다. 그리고 비록 자주관리기업 형태는 아닐지라도 노동자 인수 기업으로 전환된 기업이 100여 개가 넘었으며, 실제 경영정상화에 성공하는 등 꽤 높은 생존율을 보여주었다. 그 이후 지원기구의 활동 중단으로 노동자 인수 기업의 현황에 대한 지속적인 검토나 보고는 없는 상태다.

그리고 2005년 우진교통이 등장했다. 2005년 이후 우진교통에서 자주관리 방식의 새로운 경영이 실험되자, 청주권의 버스업계에서는 "3개월도 안 되어 망할 기업"이란 우려와 비난이 컸다. 그러나 3개월은 물론 10년 이상 지난 지금까지 망하기는커녕 회사 조직 전체가 신바람 나는 분위기 속에서 착실히 전진하는 중이다.

2011년 3월에 입사한 K씨도 입사 전 회사 밖에서 우진교통에 대해 들었던 조금 우려스런 면이 있었으나 막상 입사해서 생활해 보니 소문과 달리 노동자가 마음 편히 일하기에 좋은 곳임을 알게 되었다고 털어놓았다.

"처음엔 낯설어도 시간이 지나면서 좋아졌어요. 밖에서 들던 것과 많이 달랐지요. 사실 일반 회사에서는 상하 간에 소통이 잘 되지 않

---

2 김은남·나권일, "부도 기업 인수하는 노동자들", 〈시사저널〉, 1998. 7. 30. 참조.

는데, 여기서는 마음도 편하고 상호간 거리감 없이 대화가 이뤄지거
든요."(K씨 인터뷰, 2017년 10월)

우진교통이라는 회사 조직 전체적으로 노동가치가 공유되고 상
호존중의 분위기가 정착되어 즐겁게 일하고 행복하게 살 수 있는 직
장이 되고 있다. 이로써 우진교통은 70여 년 전 이 땅에 존재했던 자
주관리 실험을 오늘에 되살려 보다 발전된 형태로 전진시키고 있다
고 본다. 나아가 앞에서 언급한 대로, 우진만이 아니라 대구의 달구
벌버스, 진주의 삼성교통, 서울의 해피브릿지 등 다양한 자주관리기
업이 성공적인 실험을 하고 있다.

'자주관리' 정립기: 4대 과제 수립

2005년 출범 초기의 경영원칙, 즉 투명경영과 자율경영의 원칙에 따라 추진한 3년여 경영 혁신의 결과는 최우선적으로 외부 채권(특히 악성부채)에 대한 정리를 해내는 쾌거를 이루었다. 그러나 다른 편으로는 자주관리기업 내 구성원의 권리행사의 문제나 현장 구성원 사이에 잠재해 있던 갈등의 고리들이 아직 해결되지 못한 상태였다고 할 수 있다. 이런 잠재적 불안 요인이 결국 2008년 3월 '교통카드 압류 사태'로 표출되었다.

2005년 출범 이후 3년여 기간 동안 경영정상화의 형식은 갖출 수 있었지만 '공동체 정신'에 입각한 '민주집중제'의 실현은 이루지 못했던 탓이었다. 60여 명의 구성원이 건 교통카드 압류와 이로 인한 임금체불, 또 이에 영향을 받은 퇴직자의 속출로 결국 우진교통이 해결해야 할 금액이 총 46억 원에 이르는 등 출범 최대의 위기를 맞았다. 그러나 절망하거나 좌절할 순 없었다.

특히 경영팀은 우진교통 전 구성원들의 고통을 포함해 46억 원의 피해금액을 조직 발전의 '기회비용'이라 생각하고, 새로운 도약의 출발점을 마련하게 되었다. 바로 자주관리기업의 안정과 발전을 위한 '4대 과제'를 수립하는 것이었다.

4대 과제

① 자주관리 법규와 제도의 제정 및 정비 과제
② 재무 구조조정 과제
③ 현장자치와 현장조직 강화 과제
④ 기타 당면 과제
  - 당좌거래 정상화에 관한 회사 정책 수립
  - LH공사의 차고지 강제수용 반대 투쟁
  - 준공영제 시행을 위한 기초사업
  - 전 구성원의 신뢰와 배려에 기초한 상호 존중하는 화합 및
    포용 정책

이러한 4대 과제 수립의 배경에는 자주관리의 정체성과 기업의 안정성 확보, 그리고 구성원의 권리 관계와 복지 문제 등이 다각도로 논의되어 준비되었다. 특히 '현장자치모임'이 조직되고 자치모임별 간담회를 통해 '4대 과제'를 공유하고 실천을 강화하기 위한 토론이 활성화되었다.

출범 이후 최대 위기였던 2008년 3월부터 6개월의 시간은 '교통카드 압류 사태'에 대한 직접적 대응에만 머문 것이 아니라, 자주관리기업 본연의 기업정신을 구현하는 구체적인 실천으로 채워졌다. 나아가 이후 기업의 모든 정책 기조에 '4대 과제'에 의한 정책 방향에 따라 전문 영역별로 업무가 체계적으로 추진되었다. 이 모든 과

정은 결국 구성원 사이에 노동가치를 공유하는 과정, 동시에 구성원 간 정서적 교감을 드높이는 과정이었던 셈이다. 그 모든 것은 하루 아침에 단일한 결실로 맺어지는 것이 아니라 부단히 이어지는 과정 속에서 천천히 누적되고 변형되고 재구성되었다.

> "만일 구성원들 사이에 노동가치가 공유되지 않고 또 정서적 교감이 없다면 문제가 더 커졌을 것이라 봅니다. 다행히 우리 우진교통에서 는 전반적으로 노동가치가 잘 공유되고 정서적 교감이 원활한 편이 기 때문에 순항을 하지 않았나 생각합니다." (P씨 인터뷰, 2017년 10월)

이런 면에서 상기 '4대 과제'의 수립과 실천은 우진교통이 오늘날 과 같은 성공적 자주관리 모형을 정착시키는 데 대단히 핵심적인 역 할을 한 것으로 보인다. 특히 그 중에서도 노동가치 공유와 정서적 교감은 '공감 격차' 감소에 매우 중요한 역할을 했다고 본다.

물론 여전히 모든 구성원들이 '완전히' 하나의 생각으로 움직인 다고 볼 수는 없다. 2004년 파업을 거쳐 자주관리 시대를 연 1세대 와 그 이후 들어온 신세대, 그것도 비교적 최근에 들어온 신세대 구 성원 사이에는 미묘한 의식 차이, 가치관 차이가 존재할 수 있다. 문 제는 그러한 차이의 다양성을 존중하면서도 자주관리라는 큰 흐름 으로 모아내는 일이다.

> "자주관리교실에서 6개월 이상 공부를 한 사람들과 아직 참여하지

않은 사람들 사이엔 공동체 의식이나 노동가치 면에서 좀 차이가 있을 수 있지요. 그렇다고 편 가르기가 생기면 안 되니까 자주 만나서 대화도 하고 허심탄회한 소통을 하다 보면 뭔가 좋은 해결책을 찾게 되지요."(N씨 인터뷰, 2017년 10월)

7개 경영자치위원회를 통한 경영자치

우진교통의 경영조직 운영원리는 자주관리 정관의 전문에 나와 있 듯이, 전체 구성원의 동등한 권리와 의무 부여로부터 출발해 의사결 정 구조에 직접 참여하는 것이며, 민주집중적인 방식으로 운영하는 것이다. 운영원리의 실천 구조는 민주적 운영 체계와 경영의 효율성 을 동시에 고려하며 경영참여의 체계를 확대하고 심화하는 방향으 로 설계되었다.

예를 들어, 현장에서 직접 선출되는 자주관리위원의 경우 경영의 전문성은 비록 경영관리팀보다 떨어질 수 있지만 현장 근무자들의 집단지혜나 현장 정서가 적극 반영되는 논의과정은 그 자체로 경영 조직 전반을 건강하고 활력 있게 만들어준다. 상호 신뢰와 존중 위 에서 발휘되는 집단지혜야말로 우진교통의 저력이다. 따라서 이런 식으로 집단지혜를 모아내는 과정은 건강한 기업문화 형성과 효율 성 향상의 원천이기도 하다.

자주관리위원회(이사회)와 각종 자치위원회를 운영함으로써 경영 참여를 시스템화한 것은 각각의 역할에 따르는 자율적 책임의 중요 성을 인식하게 했다. 특히 자주관리위원회 산하의 각종 '자치위원 회'는 인사위원회, 자주관리공동결정위원회, 공동복지위원회, 선거 관리위원회, 채용평가위원회, 미래성장위원회, 우진공제회 등으로 구성되어 운영된다. 각 위원회에 참여하는 현장위원들은 일반 기업의 집단적 노사관계 대표자가 아니라 전체 구성원들의 대표위원이다. 7개의 경영 관련 자치위원회는 그 위상과 역할을 분명히해 점차 안정적으로 운영되고 있다.

그렇다면 실제 우진의 구성원들은 어떤 마음으로 참여하고 있을까? 171일 파업 직후 입사한 지희구 실장은 이렇게 말한다.

> "처음부터 구성원들이 자주관리 의식으로 똘똘 뭉친 건 아니고요. 더디지만 조금씩 변화와 발전을 한다고 보는 것이 옳겠죠. 특히 초기의 투명경영 시대를 지나 2008년 압류 사태나 차고지 투쟁을 거치면서 자주관리 시대가 왔다고 할 수 있어요. 지금은 50프로 이상이 자주관리에 대해 확신을 갖고 있다고 할 수 있고요, 대다수 구성원에게 자주관리 방식은 이미 체화되어 있다고 봐요. 대부분의 문제들은 열린 대화와 논의를 통해 얼마든지 해결 가능하다고 보고 있지요. 이렇게 된 데는 무엇보다 회사가 살아야 나도 같이 산다고 하는 공동체 의식이 기본 바탕이라 볼 수 있어요." (지희구 자주관리실장 인터뷰, 2017년 10월)

이른바 1세대와 신세대 노동자 사이에는 경영자치나 현장자치에 임하는 태도에서 일정한 차이가 있을 수 있다. 그러나 우진교통은 이를 "모두가 주인"이라고 하는 노동가치 공유를 통해 무난히 극복해 나가고 있다.

"입사 시에 우진의 역사나 노동에 대한 기본 교육을 통해 노동가치를 공유하고 있어요. '힘들어도 같이 가자'는 의식을 두루 갖게 되는 거죠. 물론 개인차는 있어요. 이걸 줄이면서 주인의식이나 공동체 의식을 높이는 데는 매월 열리는 경영설명회도 중요하고 7개월 정도 계속되는 자주관리교실 역시 중요하지요. 사실 세월이 가면서 가치관의 차이도 커질 수 있고 공동체 의식도 해이해질 가능성도 있거든요. 그래서 계속 우진의 역사라든지 우진의 전통에 대해 교육이 필요하다고 봐요." (J씨 인터뷰, 2017년 10월)

이런 경영조직 운영원리의 배경에는 자주관리기업에서 헌법 역할을 하는 '자주관리 정관'을 필두로 한 규정과 제도를 정비하는 것이 한 축을 이룬다. 특히 하향식이 아닌 상향식 제정과정은 자주관리기업에 대한 구성원의 인식을 변화시키고, 민주적인 참여와 협력을 통해 여러 혼란과 갈등을 완화시키는 조직문화를 형성했다.

현장 직무자치 모임을 통한 노동자치

노동자 자주관리는 전체 구성원인 노동자가 소유·경영·노동·분배에 대해 스스로 관리·운영하는 기업의 형태를 의미한다. 영역별 역할 분배와 각각의 역할에 대한 전문성 존중은 제 관계를 상호보완하고 유기적으로 연결한다. 그렇다면 자주관리기업의 구성원인 노동자에 대한 관리는 어떤 위상과 역할을 가져야 하는가? 이것이 우진교통의 고유한 고민이다.

일반 기업에서의 노동 관리는 사용자의 배타적 지배권 아래 있는 데 반해, 우진교통은 출범 초에는 '투명경영'의 실현과 함께 생산성의 증대 방안으로 현장 구성원의 '책임 있는 자율'을 강조했고, 그 이후에는 노동자 스스로 생산계획과 노동과정, 분배결정에 참여하는 '직무자치'를 실현함으로써 현장에 권력을 분배하는 데 역점을 두었다.

2005년 출범 초 당시 현장 조직의 강화를 위해 일반 기업의 'QC(품질관리) 분임조'와 유사한 '분임조' 운영을 추진했을 때는 준비가 불충분했던 면이 있다. 분임조의 위상과 역할에 대한 이해의 부족, 추진 내용이나 프로그램 개발의 부재로 시급한 현안문제 등에 밀려 결국은 실패했던 것이다.

그뒤 2008년에 제시된 '4대 과제'의 수행과정에서 이전의 결점을 평가하고 보완해 '현장자치모임'을 구성했다. 현장조직 중심의 운영은 '교통안전관리위원회'와 같이 경영의 공적 체계를 직무자치 형식으로 노동과정에 적극 편입시키는 또 다른 측면의 현장 경영참여 시스템을 구현하는 것이었다. 이는 '자율과 책임'이라는 명제가 노동과정에서 제대로 구현되지 못한 초기의 경험을 평가하고 분석해 만들어낸 결과다. 그리고 현장자치모임의 직무자치 역할 수행으로 향후 2년간 사고감소와 연료절감 등의 목표도 완수했다.

이의 연장선에서 2011년에는 현장 조직의 기본 시스템을 명문화한 '직무자치규정'을 제정해 노동조건에 맞는 직군별 조직 체계를 정비해 제도적 정착을 도모했다. 그리고 현장자치모임의 역할 등에 관한 업무지침 내용인 '직무자치규정에 따른 교통안전관리위원회 업무지침'(2017년 현장자치위원회로 개정, 이 지침 명칭도 변경됨)을 만들어 노동과정에 현장의 권력을 실질적으로 분배하는 내용을 명문화했다.

고유의 기업문화와 교육 프로그램

자주관리기업을 성공적으로 정립하기 위한 가장 중요한 토대는 바로 자주관리기업의 의식과 문화를 탄탄히 구축하는 것이다. 전통적으로 우진교통에 만연해 있던 운수업체 특유의 개인주의와 이기주의, 이로 인한 이해관계의 대립과 충돌은 자주관리기업의 정체성을 확립하는 데 최대의 저해요인이었다.

우진교통의 새로운 정체성을 확립하고 자주관리기업의 공동체 정신을 계승하기 위해 자율과 책임, 화합과 단결, 존중과 신뢰를 고양하는 여러 교육과 행사가 진행된다.

전 구성원에 대한 각종 직무교육과 인성교육, 특화된 자주관리교실 등 수많은 교육 프로그램과 가족친화정책의 일환으로 추진된 각종 행사는 자주관리기업의 골격에 살을 붙인다. 또 계절마다 발간되는 소식지 〈우진교통〉도 구성원간 소통의 창구이자 다양한 현장조직 활동의 일환이다. 이 소식지는 외부 전문가가 아니라 현장 구성원들이 직접 팀을 구성해 발간하는데, 이 역시 자주관리기업 특유의 공동체 문화라고 할 수 있다.

"신입사원이 들어오면 당연히 하는 신입 교육은 물론 매월 전체 구성원이 모인 자리에서 경영설명회를 통한 교육이 일상화하고 있고요, 직무교실 내지 자주관리교실을 통해서도 체계적이고 깊이 있는 교육이 이뤄지지요. 이렇게 자주관리기업의 철학을 공유하기 위한 교육을 여러 단위로 나눠 곳곳에 배치해서 교육이 자연스럽게 일상 적으로 이뤄지고 있어요." (H씨 인터뷰, 2017년 10월)

우진의 역사와 우진의 공동체 정신을 공유하기 위해 '자주관리 교육 프로그램'이 제공된다. 6개월 이상 체계적인 학습을 하는 '자주 관리교실'은 처음에는 신청자만을 위해 운영되었으나 이제는 모든 구성원이 응당 참여해야 하는 필수 코스가 되었다. 그것은 노동가치 를 공유하고 정서 교감을 증진하는 과정이기도 해서, 자주관리교실 프로그램을 이수한 사람과 그렇지 않은 사람들 사이에 의식이나 태 도의 차이가 나타나기도 한다.

"여태껏 절반 정도의 구성원들이 자주관리교실을 통해 우진의 역사 나 철학만이 아니라 구성원들 사이에 서로 많이 배우고 자주관리의 에너지를 공유함으로써 현장에 대한 이해도 높아지게 되었죠. 확실 히 자주관리교실 출신과 비출신 사이엔 경영참여나 적극성 정도에 차이가 나타나고 있어요." (S씨 인터뷰, 2017년 10월)

사실 노동자치나 직무자치는 결코 의지만으로 되지 않는다. 그에 걸맞은 역량과 자질이 뒷받침되어야 한다. 이런 맥락에서 직무능력 과 자주관리에 대한 이해도를 높여 '노동의 품격'을 올리는 노력이 중시된다. 그래서 우진교통 특유의 '인재육성' 프로그램이라 할 '자주관리교실'을 만들어 매년 20여 명씩 6개월 동안 자본주의, 노동자 철학, 노동운동사 등을 특별 교육하고 직무교육도 병행했다. 이 프로그램의 마지막에는 회사의 운영 및 발전 방안 등에 관한 졸업논문을 발표하고 졸업여행으로 제주도 역사기행까지 다녀온다. 의미와 재미를 동시에 추구하는 프로그램이다. 이런 체계적인 노력을 통해 우진교통의 전 구성원이 직무수행 능력뿐 아니라 회사 경영 전반에 대한 이해력과 인간관계 소양까지 증진함으로써, 마침내 중요 의사 결정에까지 참여할 역량을 갖춘다.

그렇다면 자주관리교실의 프로그램은 구체적으로 어떻게 구성·운영되는가? 우선 자주관리교실의 위상이 매우 높다. 2009년 프로그램 시작 당시 자발적인 선택으로 진행되던 때와 달리 2015년 6기생부터는 필수 이수제로 전환되었기 때문이다. 선택사항이었던 것이 필수가 되었다는 것은 얼핏 강제성을 부여한 것으로 보이지만, 자주관리기업에서 구성원들이 명실상부한 주인의식을 갖고 실제로 주인으로 역할하기 위한 자연스런 과정으로 해석하는 것이 마땅하다. 이것은 마치 우리가 자동차 운전을 하기 위해 그 전에 일정한 연습과 훈련을 거쳐 면허증을 따야 하는 것과 마찬가지다. 다시 말해 오늘날 우진교통 신입사원이 진정한 구성원으로 인정받기 위해서는 누구를 막론하고 강도 높은 교육과정을 이수해야 한다. 신입사원 대상 교육은 바로 이 '자주관리교실'을 통해 이루어진다고 보면 된다. 자주관리교실은 2017년에 8기, 2018년에 9기를 맞았다.

우진교통에서는 공채를 통해 선발된 신입사원들이 A조(오전조), B조(오후조) 승무원 각 열 명씩 한 기수에서 20명 내외가 6개월 동안 교육을 받는다. 교육은 주로 금요일 오전과 오후에 이뤄지는데, 졸업여행까지 치면 약 7개월이 소요된다. 그 프로그램은 〈표 3〉(156쪽)과 같이 총 16개 강좌(공식 12강, 비공식 4강)로 구성되고, 발표, 강의와 질의응답, 개별 토론, 시사 토론 등으로 진행된다. 이 자주관리교실은 자주관리기업의 전망 찾기와 노동조합의 활성화를 동시에 추구한다.

총 16개 강좌에서 다루는 주제는 제법 묵직하다. 구체적으로 '자본주의 사회란 무엇인가' '노동자의 철학이란 무엇인가' '한국 사회에서 자주관리기업이 갖는 의미는 무엇인가'와 더불어 한국 노동운동사와 충북지역 노동운동사, 그리고 우진교통의 역사 등이 수업 내용이다. 모든 수업이 끝나고 진행하는 졸업여행은 일종의 역사 기행으로, 구성원들의 단결은 물론 새로운 역사의식과 사회의식을 획득하고 삶에 대한 새로운 가치관을 형성하는 과정이기도 하다. 이 교육과정을 모두 이수한 신입사원들은 명실상부 노동자자주관리기업의 구성원으로서 참여하는 법을 배우게 된다.

그런데 '입학'부터 '졸업'까지가 매우 어렵다. 형식적인 과정이 아니라는 말이다. 20명의 신입사원(교육생)들은 오전 근무를 마치고 오후부터 4시간 동안 수업을 받아야 한다. 1-2주에 한 번 꼴로 수업이 진행되는 셈인데, 매 수업마다 일정한 과제물이 있다. 한창 젊은 학생들도 아니고, 정상 근무를 하면서 동시에 공부까지 해야 하니 여간 어려운 일이 아니다. 게다가 공식 강좌 12강 중 세 번을 빠지면

〈표 3〉 우진교통 자주관리교실 공식 프로그램 내용

회수	주제	내용
1강	회의 진행 및 토론 발표력 훈련	• 입학식: 구성원이 희망이다 • 자주관리교실의 취지 및 자세 • 민주적 의사결정 훈련: 반장, 총무 선출 • 토론 및 회의 진행 방법 공부하기
2강	우리는 어떤 사회에 살고 있는가	• 자본주의 사회란 무엇인가 • 이윤, 노동, 자본은 어떤 관계인가 • 경제사로 보는 인간의 역사 • 한국 사회는 어떻게 구성되었는가
3강	우리는 세상을 어떻게 바라볼 것인가	• 노동자의 철학이란 무엇인가 • 개똥철학과 노동자의 세계관 구분하기 • 세상을 움직이는 법칙 • 모순론과 변증법
4강	새로운 시작을 위한 야간 산행	• 1박2일: 마음과 몸을 트고 동료에 대한 존중과 심성을 익히는 경험
5강	한국 사회에서 자주관리기업의 의미	• 한국 노동운동사 개괄 • 한국 역사 속의 자주관리기업의 탄생과 소멸 • 자본주의와 자주관리기업 • 자주관리기업의 현재적 의미
6강	우진교통의 운명은 노동자 자주관리기업?	• 충북노동운동사 개괄 • 버스 산업 및 버스 노동운동의 역사와 한계 • 04년 우진 파업의 역사, 성과와 한계
7강	우진교통이 자라온 이야기	• 우진교통이 울고 웃었던 5년의 역사: 출범과 채권방어, 분열과 압류, 그리고 4대 과제, 차고지 투쟁 등 분열의 원인과 쟁점, 결과, 해결 과제 영상물 상영
8강	역사 기행	• 광주 국립 5.18 민주묘지 참배 • 부안 및 군산 근대 문화유산 탐방
9강	우진 뱃속 들여다 보기 1 (경영팀)	• 정관을 통해 본 자주관리 정신 체계와 구현 • 자주관리기업의 경영과 경영팀 이해하기 • 민주성과 효율성
10강	우진 뱃속 들여다 보기 2 (직무자치)	• 경영협약, 임금협약, 노동협약 분석하기 • 자주관리기업 뼈와 살, 직무자치(경영자치, 노동자치) 운영 체계 이해하기
11강	우진 뱃속 들여다 보기 3 (노동)	• 자주관리기업에서 노동조합의 지위와 역할 • 노동자와 노동자성, 노동조합이란 무엇인가 • 구성원과 조합원, 경영팀과 조합원의 차이와 동질성
12강	졸업여행	• 2박 3일: 우진의 미래상 그리기

※ 논문 발표: 모든 강좌 마무리 후 총동문회를 개최해 특정 주제의 논문을 전 졸업생 앞에서 발표

*자료: 우진교통 자주관리실.

수료증이 나오지 않는다. 조별로 주어지는 졸업논문을 제출하지 않아도 수료증을 받지 못한다. 이 때문에 교육생들 사이에서는 "내가 이러려고 버스회사에 들어왔나?" 하는 자괴감이 든다는 농담이 오가기도 한다.[3]

그리고 건강한 자주관리기업의 문화를 정립하기 위해 복지제도에 관해서도 보다 체계적이고 집단적인 인식이 강조된다. 개별 구성원에게는 복지제도를 통한 직접적인 수혜가 중요할 것이다. 하지만 모든 구성원에게 적용되는 보편적이고 다양한 복지제도는 '공동체적 인식 전환'이 없으면 실현이 불가능하다. 일례로, 사람에 따라서는 '왜 당장 월급을 올려주지 않고 복지 프로그램에 돈을 많이 쓰느냐?'라는 식의 문제제기를 할 수 있기 때문이다. 그러나 '눈앞의' 월급만 올리는 방식은 단기적으로는 좋겠지만 중·장기적으로 회사의 조직적 발전과 전 구성원을 위해서라면 복지제도를 확충하는 것이 중요하다.

이런 면에서 복지문제를 우진교통의 대안적 기업문화 정립의 출발이자 결과물로 인식하여 노동조합과 함께 적극 노력하는 것이 중요해진다. 왜냐하면 이런 기업문화야말로 건전한 일터 만들기와 건강한 노동자로서의 삶의 질 향상에 기여하며, 상호 존중과 배려로 공동체 정신을 구현하는 매개물이 될 것이기 때문이다.

---

3 성상영, "청주 시내버스 우진교통의 불온(?)한 실험", 〈참여와혁신〉 159호, 2017. 9. 6. 참고.

자주관리기업에도 노동조합이 필요할까?

"당신의 삶이 노동자자주관리기업 정신으로 늘 함께하기를 바란다." 2004년 파업 당시 우진교통 노동조합 지부장으로 171일간의 투쟁을 이끌었던 변정룡 지부장의 추모비에 새겨진 글귀다.

생존권 투쟁을 전후로 마음고생이 지나쳤던 탓일까? 게다가 '교통카드 압류' 사태까지 터져 복잡한 상황이었다. 그런 과정에서 변지부장은 2008년 4월, 뜻밖에 암 선고를 받았다. 하늘이 무너지는 듯 했을 것이다. 변 지부장은 혼신을 다해 투병했으나 하늘도 무심하게 2008년 8월에 운명을 달리했다. (그 뒤로 홍순국 위원장이 약 10년 동안 노조 지부장 자리를 이었고, 2017년에는 박우용 지부장이 뒤를 잇기 시작했다.)

생사고락을 함께한 변 지부장이 세상을 떠나자 우진교통 구성원들은 큰 슬픔에 젖었다. 하지만 산 사람들은 또 살아가야 하는 법이므로 다만 변 지부장을 가슴 속에 품었고, 2010년 2주기 추모식 행사의 이름을 '우진교통 노동자의 가슴 속에 다시 살아나는 생명'으로 정했다.

우진교통 구성원들이 변 지부장을 가슴 깊이 기억하는 까닭은 아마도 171일 생존권 투쟁과정에서 생사고락을 함께했기 때문일 것이다. 보다 구체적으로, 우진교통이 전통적인 일반 기업을 탈피해 자주관리기업으로 혁명적 변화를 겪는 과정에서 노조위원장을 맡았다는 점, 게다가 한국노총 소속에서 민주노총 소속으로 상급단체 변경을 이뤄내는 과정에서 노조위원장 역할을 했다는 점, 즉 노사관계의 주역에서 노노관계의 주역으로 역할 변동이 일어났다는 점 때문일 것이다. 그 과정에서 크고 작은 갈등과 내분이 생겼을 때마다 변 지부장은 속으로 마음을 졸이면서도 늘 "우진교통의 발전과 단결"을 염원했다. 아마도 김재수 대표와 마찬가지의 심정이 아니었을까 싶다. 왜냐하면 자주관리기업 이행 전이나 후나 한 축은 경영팀이 다른 한 축은 노조 측이 담당하고 있기 때문이다. 불행히도 그는 50대 중반을 넘기지 못하고 세상을 떠났으나, 노조 지부장으로서 즐겁게 일하며 보람을 찾는 일터를 만들기 위한 투쟁의 선봉에 섰다는 점에서 우진교통의 동료들은 그를 가슴 깊이 기억한다.[4]

그렇게 목숨을 바쳐가며 투쟁한 일터이기에 자주관리기업은 우진교통 구성원들에게 거의 '생명'과도 같다. 이제 노동조합은 자주관리기업과 어떤 관계를 맺을 것인가?

자본 주도 기업이 자주관리기업으로 생산관계에 변화가 생기면서 노동조합의 자기역할도 근본적으로 변했다. 즉 생산관계 자체가 기존의 노사관계가 아닌 '노노관계'로 변화했기 때문에 노조의 역할도 더 이상 경영이나 자본에 대립하는 것이 아니게 되었다. 따라서 노조의 역할 변화는 필연적이다.

---

4 송민영, "우진교통 노동자의 가슴 속에 다시 살아나는 '생명'", 우진교통 故 변정룡 前 지부장 2주기 추모행사(2010), http://blog.jinbo.net/laborfree/i/entry/300.

자주관리기업에서 초기 노동조합의 역할은 내부적으로는 자주 관리의 정립으로부터 노동의 성과를 향상시켜 나가는 주력 부대 역할을 하는 것이었다. 그리고 외부적으로는 노동자자주관리기업의 형태에 적대적으로 접근해 오는 외부 자본과의 대결 구도 중심에 섬과 동시에 민주노총 소속 노조로서 광범위한 노동자 연대를 실천하는 역할까지 수행하는 것이었다.

> "대부분의 사업장은 노동조합 하면 투쟁하고 싸우는 조직으로 알고 있는데, 저희도 문제가 있으면 문제제기를 하고 싸움을 불사하겠지만 기본적으로 자주관리기업에서 노동조합은 기업을 이끌어가며 외부 침탈이 있을 때 방어막 역할을 했다고 생각합니다. 어려움도 많았지만 조합원들이 회사 문제가 생기면 단단한 결집력으로 잘 극복해 왔기 때문에 지금의 우진교통이 있는 데 일정 부분 역할을 했습니다." (홍순국 전 노조위원장, "노조위원장 10년", 청주노동인권센터 인터뷰, 2018. 4. 10.)

이러한 노동조합의 객관적 역할의 변화에도 불구하고, 노조의 역할에 대한 구성원 내부의 의견 차이는 여전히 존재했다. 이는 결국 조직 갈등으로 비화하기도 하고 심지어 권력투쟁의 양상으로까지 드러나기도 했다. 대표적으로 2008년 교통카드 압류 사태 때 그런 갈등이 노골적으로 불거졌지만, 그 이후로도 잠재적인 갈등은 조금씩 있었다고 보는 것이 현실적일 것이다.

결국 노동조합의 역할과 관련한 문제는 노동(자)의 영역을 넘어 자주관리기업의 안정성과 존폐의 핵심 요소가 되었다. 따라서 이 문제에 대해서도 우진교통의 노동자와 노조는 명확하게 정리해 나갈 필요가 있다.

이론적으로 볼 때 자주관리기업이나 협동조합에서 노동조합은 존재하지 않는다. 노동자 스스로 관리하기 때문이다. 사실상 노동조합이 운영하는 기업에서 왜 또다시 노동조합이 필요할까?

그러나 아무리 '노노관계'라고 해도 직무자치가 완벽하게 정착되지 않은 이상 사용자적 역할은 존재할 수밖에 없다. 따라서 이에 대한 견제 세력 역시 필요할 것이다. 이것이 현실적인 관점이다. 바이마르 시대를 전후로 독일에서 불었던 노동자평의회(Betriebsrat) 운동 수준의 역량과 법적 조건이 미비한 현재의 한국에서는 아무리 자주관리기업이라고 해도 노동조합의 일정한 역할이 중요하다. 즉 자주관리기업에서 노동조합의 역할이란 이중적인데, 한편으로는 경영진에 대한 감독과 견제의 역할을, 다른 편으로는 자주관리의 정착과 지속적 발전을 위한 협력과 책임의 역할을 하는 것이다. 즉 자주관리기업에서 노조의 역할 문제는 직무자치와 직접 연동되어 있다.

직무자치의 실현 수준에 따라 사용자성에 대한 견제가 필요하다. 만일 완전한 직무자치가 구현된다면 사용자성에 대한 견제는 불필요할 것이다. 그러나 자주관리 경험이 일천한 한국의 경우 여전히 사용자성에 대한 견제는 불가피하다. 물론 견제의 방식은 바뀌어야 한다. 기존 노사관계에서의 적대적 견제가 아닌 참여와 협력을 통한 견제 방식으로 변화할 필요가 있다. 즉 노조는 직무자치와 자주관리를 더 높은 단계로 구현하기 위해 참여하고 협력하는 가운데 경영팀에 일정한 견제 역할도 해야 한다. 물론 이 모든 과정은 노조위원장의 독단이 아니라 전 구성원의 의사를 반영하는 공식 기구를 통해 집행되는 것이 바람직하다.

> "전통적으로 노동조합은 암묵적으로 측근을 챙겨주는 분위기도 있었고 주먹구구식이기도 했어요. 그러나 지금은 그런 것이 없고요. 회사 대표나 노조위원장이나 개인 독단의 행위나 결정은 절대 안 되죠. 모든 것이 공식 기구에 의해 결정되고 전체 구성원들의 의견을 반영하는 것이 중요하죠." (박우용 지부장 인터뷰, 2017년 10월)

또한 노동조합은 조합원들의 경영참여를 독려·촉진하고 복지강화와 조직문화 혁신에 적극적인 역할도 수행해야 한다. 나아가 지역적 구속력이 강한 버스노동운동의 특성을 고려할 때 우진교통 노동조합이 청주 지역 버스 노동자들을 위해 무엇을 해야 할지 그 구심점으로서 갖는 새로운 임무에 대해서도 고민할 필요가 있다.

일례로, 우진교통 노조는 자사 노동자의 정규직화에만 관심을 기울인 것이 아니라 청주 시내버스 전반에서 비정규직을 정규직으로 전환하도록 사회적 연대투쟁도 전개했다. 이를 위해 우진교통 노조원 60여 명은 2013년 2월 초, 청주시청 교통행정과를 점거하고 농성까지 벌였다.[5] 이들은 시청 본관 현관 앞에서 집회를 갖고 "청주시는 비정규직 채용을 억제키로 한 약속을 이행하라"고 촉구했다. 2012년 우진교통 주도로 이뤄진 버스 승무원들의 정규직화 요구에 대해 시 당국 역시 "비정규직 채용 때는 국가보조금 차등 지급 등 제재를 가하겠다"고 약속한 바 있었기 때문이다. 그러나 이들이 점거농성을 하기 직전, 청주시 당국이 "비정규직을 채용해도 좋은가?"를 물었던 버스회사들에게 "비정규직을 채용해도 법적 문제가 없다"는 회신을 했던 것이다.

그렇다면 우진교통 노조원들은 왜 다른 회사의 고용관계에까지 관심을 두고 점거농성을 하게 되었는가? 당시 우진 노조원들에 따르면 "비정규직은 정규직의 70퍼센트 수준의 임금에 상여금 등 각종 혜택에서 배제되고, 불의의 사고가 발생해도 혼자서 책임져야 한다"며, "비정규직 채용을 무작정 반대하는 것이 아니라 정규직과 차별 없는 대우 보장을 요구하는 것"이라고 강조했다. 이들은 당국의 무책임한 이율배반적 행정이 해소되지 않는 한 무기한 농성을 하겠다고 선언했다.

그 불과 한 달 전인 2013년 1월 초에 청주 지역 6개 운송업체는 비정규직을 채용·충원하지 않고, 이를 어길 시 청주시와 청원군이 해당 업체에 보조금을 차등 지급하는 등의 제재를 하는 데 동의·합의한 바 있었다. 그런데 일부 업체가 이를 어기고 '고령자 고용촉진

---

5 장병갑, "우진교통 노조 청주시청 일시 점거", 〈충청일보〉, 2013. 2. 6.

법'에 근거해 퇴직자를 대상으로 촉탁제 형식의 비정규직 채용이 가능한지를 묻자 청주시가 "적법한 행위"라고 답변한 것이다. 이에 우진 노조원들은 "정규직 임금의 70퍼센트에 불과한 비정규직 임금을 보전해 주든지, 아니면 비정규직을 채용하는 업체에 약속대로 벌칙을 적용하라"고 요구했다.

이렇게 우진 노조원들이 단호한 태도로 무기한 농성의 의지를 보이자 청주시 당국은 해당 업체에 "촉탁제 노동자라도 100퍼센트 임금을 지급하라"고 시정 명령을 내렸다. 결국 우진 노조는 동종 업종 노동자들조차 차별 없이 존중받도록 사회적 연대를 실천한 셈이다.

우진교통 노동조합의 정체성의 변화와 정립은 첫째, 노동조합의 생존권 사수 파업투쟁의 정신을 공동체 정신으로 계승하고, 둘째, 자주관리기업의 생존을 옹호하며, 셋째, 조합원에 대한 복지 증진은 물론 사회적 연대에 충실하면서도, 넷째, 조합원들이 구성원으로서 각종 직무자치 구조에 적극 참여하고 협력하도록 독려하는 노동 현장의 핵심 추동력 역할을 수행하는 것 등으로 정리된다.

이런 맥락에서 2011년에는 자주관리기업의 정신에 부합하는 노동조합 역할을 정립하는 것으로 노조 규약까지 개정했다. 기존의 (자본 주도 경영에서의) 대립적 역할을 넘어 (자주관리기업에서의) 형성적 역할로의 위상 정립이 그 핵심이다. 이로써 우진교통 노동조합은 한 단계 더 높은 성장과정을 통해 장기적으로 노동자자주관리기업의 당당한 주체로의 자기 정립에 더욱 가까이 다가가는 중이다.

사회적 기여와 연대, 사회적 가치

우진교통은 자주관리기업인 운수업체다. 그리고 운수업체의 사회적 역할은 안전한 운행과 친절한 서비스로 승객의 이동권을 보장하는 것이다. 자주관리기업은 공동체 정신에 기초한 삶을 영위하고 노동가치 실현을 지향함으로써 우진교통 전체 구성원의 행복 증진을 목표로 삼는다. 이런 기업의 가치는 보편적 복지인 대중교통 문화의 질 향상에 기여하는 사회적 책임을 실천하는 것과 병행되어야 한다. 동시에 공동체적 삶의 연계성을 강화하기 위해 기업의 수익 일부를 지역의 제반 영역들로 환원하는 활동을 전개하는 것도 바람직하다.

보다 구체적으로, 친절과 무사고를 통한 사회적 비용 감소, 교통약자의 이동편의 증진을 위한 대안 사업, 어려운 환경에 처한 지역 주민들과 함께하는 나눔 사업, 건강한 삶의 환경을 지키기 위한 각종 연대 사업, 노동가치 실현에 이바지하는 노동연대 사업, 공동체의 문화 연계 사업 등은 자주관리기업 우진교통이 현재 하고 있고 향후 지역 사회에 제대로 기여해야 할 공헌 사업의 영역들이다. 따라서 우진교통이 지향하는 기업의 가치가 곧 단위 기업을 초월해 더 넓은 지역으로 확장하는 것이 가능하며, 결과적으로 온 사회에 희망의 빛을 던질 것이다.

노동자의 공동체 정신으로 출발한 자주관리기업 우진교통의 윤리적 가치는 여러 측면으로 요약할 수 있다. '인간화된 노동' '착한 고용' '구성원이 행복한 공동체' '자본의 논리가 아닌 노동의 논리로 운영되는 사람 중심의 조직' '참여를 통한 경영효율성 제고' '생산과 분배의 일체성' 등이 바로 그것이다. 이런 윤리적 가치는 단순히 구호로만 그치는 것이 아니라 실제 경영의 전 과정에서 볼 수 있다. 그 동안의 경험이 이를 증명한다.

이런 대명제 아래 2011년 7월부터 자동차보험 또는 상해보험 등 기존 대기업 보험사에 의존하던 관행을 우진교통 자체의 공제사업을 수행하는 것으로 전환했다. 보험이라는 일종의 소비과정을 자체적으로 운영함으로써 생산과정으로 전환한 것이다. 그래서 더 이상 대기업 보험사가 아니라 '우진공제회'라는 상해보상의 기능을 가진 조직체를 스스로 운영하게 되었다.

'우진공제위원회'가 바로 그러한 일을 수행하는 주체다. 여기서는 통상적인 운전자보험에 준하는 내용을 규정으로 내걸고 300여 우진교통 구성원들이 모두 상부상조하게 된다. 특히 2010년부터 본격 가동된 '교통안전관리위원회' 활동도 큰 역할을 하게 되어 사고 및 그에 따른 비용도 많이 줄었다. 그 결과 우진공제회의 수익금도 자연스럽게 늘었다. 2011년 7월부터 3년 단위로 정산해 보면 대략 3년마다 평균 2억 정도가 수익금으로 축적되고 있다.

이것은 공제회(사고 및 상해 보험) 운영에 대한 구성원의 신뢰가 바탕이기도 하지만, 보상 처리를 최소화하기 위해 회의와 점검과정을 철저히 이행하는 위원회의 실천이 있기에 가능한 일이었다. 이런 식으로 우진교통 구성원들은 노동의 영역만이 아니라 소비(재생산)의 영역까지 자주관리 생산과정에 편입시킴으로써 경영의 공동체적 순환구조를 실천한다.

그렇다면 이러한 우진교통의 노동자 자주관리 실험이 갖는 사회적 의미는 무엇일까? 그것은 다음과 같은 몇 가지 측면으로 요약할 수 있다.

첫째, 자본주의 시장경제 체계 내에서 폭력적이고 배타적인 자본의 질서가 아닌 구성원들의 자율과 자치에 기초한 노동의 질서를 바로세움으로써 새로운 패러다임의 기업 경영이 가능하다는 것이다. 기존 노사관계가 폭력적이거나 어용적이었음에 반해 자주관리기업의 노동관계는 민주적이고 자율적이다. 나아가 이 새로운 시도가 기존의 방식에 비해 더욱 생산적이고 효율적일 수 있음이 우진교통 사례에서 증명된다.

둘째, 자주관리 및 공동체 정신 등 자주관리기업이 추구하는 공유 가치가 다양한 사회적 활동을 통해 사회적 기여로 즉각 환원될 수 있다는 것이다. 이것은 비단 '어려운 이웃 돕기' 등의 활동 사례 등에서만이 아니라 민주 노동운동 등 여타 사회운동과의 연대 등에서도 구현된다. 이것이 자주관리기업 우진교통이 실천하는 기업의 사회적 책임의 일면이다.

셋째, 전체 구성원이 각종 자치 구조에 참여하고 또 조직적인 자기평가 과정과 결과가 경영에 적극 활용되기 때문에 자주관리기업 우진교통의 위기대응 능력이 탁월하다는 것이다. 전 구성원이 주인 의식으로 참여하는 직무자치와 자주관리는 어떤 위기 상황이 닥치더라도 유연하고 기동성 있게, 또 혁신적이고 창의적으로 대응할 수 있게 한다. 예컨대 2008년 교통카드 압류 사태로 드러난 내우(內憂)와 청주시 LH공사(구 주택공사)의 차고지 강제수용 사태로 인한 외환(外患) 역시 우진교통 특유의 위기대응 역량으로 무난히 극복할 수 있었다.

넷째, 전체 구성원 누구나 기업의 주인으로서 투명하게 진행되는 제반 의사결정에 대해 동등한 권리와 의무를 동시에 갖기에, 바로 이런 구조가 구성원들의 적극적인 경영참여를 유도하고, 또 역으로 이러한 참여와 협력이 경영성과 역시 효율적으로 향상시킨다는 점이다. 실제로 2005년 1월에 출범한 자주관리기업 우진교통이 불과 3년 만에 악성부채를 갚고, 그 이후 갈수록 높은 경영성과를 거두어 그 과실의 상당 부분을 전체 구성원의 복리 향상과 사회 기여로 돌릴 수 있게 되었다.

다섯째, 우진교통의 자주관리 운영 사례가 이윤과 경쟁을 근본 원리로 하는 자본주의 경제에 대한 다양한 대안들 중 하나의 사례로 손꼽을 수 있다는 점이다. 지금까지 자본주의 사회 안에서도 '사회적 경제'(social economy)라는 이름으로 시도된 다양한 대안체가 존재했다. 예컨대 사회적 기업, 생협(생활협동조합), 자활공동체, 협동조합 등이 그것이다. 우진교통에서 시도 중인 자주관리기업 역시 그런 대안적 시도의 일환이다. 향후 이러한 개별 시도가 전 사회적 변화

로 이어지기 위해서라도 부단한 자기성찰과 전체 시스템의 구조적
변화 등이 활발히 논의돼야 한다.

7

위기를 기회로 만들어낸 역전의 사고
독특한 리더십

직무자치활동, 현장자치위원회 연석회의(2016년).

2013년 전 구성원 총투표(대표, 비상임 이사, 감사 선거).

우진교통에서의 혁신적 리더십은 ① 2004년 부도 위기와 체불임금을 계기로 생존권 투쟁에 나서 171일간 지속된 총파업 시기, ② 2005년 1월 파업 승리 후 노동자자주관리기업으로 부활한 시기, ③ 2008년 3월 교통카드 압류 사태로 인한 위기에 직면해 비대위를 중심으로 위기를 극복한 시기, ④ 2009년 5-6월 청주시 LH공사의 차고지 강제 수용에 저항하는 투쟁을 전개한 시기, ⑤ 2012년 이후 현재까지 협동조합으로의 전환을 도모한 시기[1] 등 우진교통의 성장과 발전이 이뤄진 매 계기마다 발휘되었다.

특히 ③의 카드 압류 사태는 단순히 우진교통 내부의 재산권이나 임금채권 문제가 아니라 자주관리기업의 정체성을 확립하기 위해 근본적으로 고민하며 조직을 체계적으로 혁신해 내는 계기가 되었다. 이와 같이 위기를 기회로 만들어내는 '역전의 사고'야말로 우진교통의 혁신적 리더십이 가진 핵심 내용이다.

---

1 2012년은 협동조합 전환을 위한 연구, 조사 시기, 그리고 2013년 이후 전환을 위한 업무 추진.

동일 노동, 동일 임금

우진교통이 다른 회사와 특별히 다른 점 중 하나는 대표이사(사장)의
월급이 노조위원장의 월급과 동일하다는 것이다. 인터넷 언론 〈오
마이뉴스〉의 기자가 대표이사에게 대뜸 물었다.

> 첫 자리에서 실례를 무릅쓰고 질문을 던졌다. "김 사장님, 혹시 월급
> 은 얼마지요?" "노조위원장과 같습니다." 자본주의 사회의 상식을
> 배반한 답변에 기자가 무안해졌다. 대표 임금은 노조위원장과 같다
> 는 게 회사 협약위원회의 원칙이란다. 노동자 근무일수는 잔업을 포
> 함해 24-25일. 사장이지만 민주노총(충북본부) 파견직인 그의 근무일
> 수는 28일이다. 시간당 임금은 노동자들과 같고, 그는 월 60-70만
> 원 정도 더 받는다. 지난해 연봉은 4800만 원 선. 준공영제 버스회사
> 사장 임금 가이드라인 1억 2000-1억 5000만 원보다 턱없이 낮다.
> '동일 노동, 동일 임금.' 그는 노동 교과서대로 실천했다.[2]

자본의 가치가 아니라 노동의 가치에서 보면 모든 인간은 골고루
평등하게 존중받아 마땅하다. 서로 존중하는 가운데 노동의 공동체

---

2 유성호 · 김병기, "사장님, 월급은 얼마지요?", 〈오마이뉴스〉, 2014. 7. 2.

를 가꾸어가는 노동자자주관리기업 우진교통은 이렇게 경제적 처우부터 남다르다. 특히 회사 대표와 노조 대표가 적대적 관계가 아니라 동반자 관계를 맺고 동일한 월급을 받으며 같은 길을 걸어갈 수 있다는 것 자체가 혁명적이다. 사실 우진교통 사장님은 '사장'으로 불리기보다 '대표'로 불리는 것을 마음 편하게 생각한다. 그의 진정성이 돋보이는 부분이다.

원래 김재수 사장은 민주노총 충북본부 사무처장이었다. 2004년 171일 투쟁 당시 우진교통 노조원들은 그를 사장으로 추대하고자 했고, 민주노총도 그를 우진교통으로 파견했다. 그리고 2007년 12월, 임기(3년)를 마친 그는 민주노총으로 돌아가려 했다. 그러나 노동자들은 그에게 계속 회사를 맡아 달라며 회사 건물 앞에 천막을 치고 농성을 벌였다. 노동자들은 김 대표의 연임을 위해 노조위원장을 뽑듯이 1인 1표로 사장을 선출했다. 그 결과 김 대표는 우진교통에 눌러앉게 되었다.

당시 그의 심정은 앞서도 말한 바, "가슴속에 '된다, 안 된다' 하는 문제보다는 '해야 할 일'이란 생각"이 강했다. 노동자의 인간다운 삶을 위해 운동을 하고 민주노총 상근직까지 맡아 활동한 그답게 수백 명 노동자의 삶을 내팽개칠 수 없었던 것이다. 그것은 사회적 생산의 주역인 노동자들이 기본 생존권을 지켜낼 뿐 아니라 인간다운 노동을 통해 노동의 가치를 실현해야 한다는 대의에 대한 책임감과 절박감의 발로였다.

혁신적 경영방식: 투명경영

아마도 김재수 대표가 사장으로 (재)추대된 배경에는 2004년 171일 동안 생존권 투쟁 과정에서 그가 보여준 리더십과 일관성에 대한 노동자들의 신뢰가 있을 것이다. 그리고 2005년 1월, 자주관리기업으로 재출발한 이후에도 일관되게 보여준 변혁적 리더십이 결정적 작용을 했다. 〈오마이뉴스〉 인터뷰 내용을 다시 보자.

출범할 때 1인당 500만 원씩 출자금을 낸 노조원들에게 약속했다. 첫째는 투명경영이었다. 매달 노동자들에게 경영 실적과 재무상황 등 경영설명회를 열었다. 두 번째는 임금체불이나 삭감을 하지 않겠다고 했다. 세 번째는 비정규직 직원들에게 주인의식을 심어주려고 모두 정규직으로 전환하겠다고 했다. 이 약속을 모두 지켰다. 1년 만에 기적이 일어났다. 흑자였다. 모두들 환호했다. 그 이유는 간단했다. 부패가 만성적자의 원인이었다. (…) 노동자 흑자경영 비법은 투명경영이었다.[3]

거짓 없이 온몸으로 보여준 '투명경영'은 결국 모든 구성원들로

---

3 유성호·김병기, 같은 곳.

하여금 대표이사에 대해서는 물론 회사 운영방식 전반에 대한 신뢰를 강화했다. 특히 경영 상태나 그 개선과정에 전 구성원이 참여한 보람을 공유하는 과정은 전 구성원들로 하여금 소속감과 노동의 성취감, 자주관리기업 노동자로서의 자부심을 느끼게 하는 과정이었다.

> "달마다 경영설명회를 통해 투명경영을 실천하니, 모든 구성원들이 경영진에 대해 신뢰감을 갖게 되죠. 또 경영설명회를 하더라도 자본이니 부채니, 비용이니 손익이니 하면서 숫자만 나오면 집중이 잘 안 되지만, 그동안 경영의 진행과정이나 회사 상황을 그 내용이나 결과 면에서 알기 쉽게 설명을 해주니 이해가 빠르고 전 구성원들이 회사 일을 잘 공유하게 되지요." (K씨 인터뷰, 2017년 10월)

우진교통은 투명경영을 위해 매달 노동자들에게 경영실적과 재무상황 등을 알기 쉽게 보고하고 설명하는 '경영설명회'를 개최한다. 첫 번째 경영설명회는 2005년 3월에 실시되었다. 우진교통의 월급날은 매월 10일인데, 대체로 이날 이후 전체 구성원을 대상으로 경영설명회를 실시한다. 만일 특별한 사정이 있어 경영설명회를 별도로 개최하지 못하면 사전에 노조와 협의해 결정하고, 대신 경영설명회 관련 자료는 반드시 게시판에 공개한다. 또 현안 교육 등으로 인해 시간이 없는 경우에는 경영보고 자료를 구성원들에게 직접 배부하기도 한다. 사장이나 이사 등 임원 선거 또는 자주관리위원 선

거가 있는 경우에는 선거와 경영설명회를 병행해 신축적으로 운영
하기도 한다.

이렇게 투명경영을 실천하기 때문에 흔히 다른 기업들에서 발견
되는 이중장부나 공금횡령 등이 전혀 없다. 모든 경영과정이 투명하
고 정직한 재무관리를 통해 이뤄지기에 구성원들의 신뢰와 일체감
을 동시에 획득하게 된다.

특히 경영설명회는 마치 승무원들이 회사 대표의 경영과정을 감
독하는 듯한 모양새를 띠고 있어 일반적인 기업들과는 다른 모습을
보인다. 이는 노동자자주관리기업의 본질적 면모인, 노동가치의 존
중과 노동복리의 향상이라는 기본 지향성을 숨김없이 보여주는 것
이라고 평가할 수 있다.

> "우진교통의 경영에 대한 감사는 외부 감사위원에 의한 회사 살림
> 살이에 대한 회계감사가 있고, 다른 편으로 재무 및 업무에 대한 일
> 상 감사가 있어요. 이것은 경영투명성 확보를 통한 신뢰 구축 및 효
> 율 향상을 도모하려는 제도적 혁신의 결과입니다." (김재수 대표 인터뷰,
> 2017년 10월)

이러한 투명경영의 결과 우진교통은 2005년 출범 당시 부채가
146억에 이르렀으나 만 1년이 지난 2006년 1월까지 연 127억 원
의 매출을 달성하고 당기순이익 흑자 3500만 원을 기록했다. 이어
2007년 12월까지 총 66억 원의 부채를 상환했다.

노동자 자주관리라는 새 패러다임

김재수 대표 곁에는 언제나 지희구 자주관리실장이 함께한다. 특히
자주관리실은 직원 교육 및 경영의 방향성을 정립하는 매우 중요한
역할을 한다. 실제로 자주관리기업으로 출범한 이후 '산 넘어 산'과
같은 도전들이 줄을 이었다. 그럴 때마다 경영팀, 특히 자주관리실
은 김재수 대표와 함께 위기 극복의 구심점이 되었다. 지 실장이 정
리한 자료 중에는 "복마전(계속되는 악의 근거지)으로부터 공동체 정신
의 실현을 위한 새로운 도전이 시작되다"[4]라는 소제목까지 나온다.
거기에는 자주관리 시스템을 정착시키는 과정에서 겪는 어려움이
묻어 나온다.

> 자주관리위원회를 운영한 지가 얼마인데 여전히 경영정책 중심의
> 논의 틀이 안 잡히고 있어요. 노동과정에서 일어나는 민원 내용이
> 자주관리위원회에서 다뤄질 사안은 아닌데. 도대체 왜 해당 부서 등
> 에 제기해서 풀지 않고 이런 과정을 되풀이하게 되는 걸까요?

---

4 지희구, "협동조합형 노동자자주관리기업 우진교통 이야기" 5회분, 평등사회노동
교육원 자료.

문제점을 쏟아놓고 해결점을 찾기 위해 이런저런 이야기들이 오가는 공간 중의 하나가 현장자치모임인데, 의견만 분분하지 영 신통치가 않아요.

김 대표나 지 실장이 보았을 때, 2005년 우진교통이 자주관리기업으로 출범한 이후 자주관리기업을 표방했지만 냉정히 말해 (과거에 비해) '투명경영'을 실천하는 정도였지 아직은 여전히 '자주관리기업'의 정체성을 정립하지 못한 상태였다. 그런데 2008년 3월, 혼란과 갈등의 정점에서 발생한 교통카드 압류 사태를 우진교통은 전화위복의 계기로 만들었다. 이 위기를 기회로 만드는 자체 역량, 바로이 '역전의 사고'야말로 우진교통 리더십의 핵심이라 할 수 있다.

자주관리 정신에 따른 '우진교통 안정과 발전을 위한 프로젝트'는 복마전의 운수업계 풍토를 개선하는 시발점이 되었다. 하지만 머리와 몸통은 만들어졌는데 팔과 다리로 연계되는 이해와 경험이 부족했다. 따라서 새로운 정책이 추진되는 모든 곳에서 삐걱거렸다. 민주집중제(아래로부터의 민주주의)의 실현이라는 이상이 단지 정책 공유 측면 위주로 진행되었을 뿐, 일반 직원들이 경영 및 노동의 주체로 선 상태에서 모든 이슈에 대해 아래로부터의 상향 절차를 구현해줄 소통 체계가 제대로 정착하지는 못했다. 원래 민주집중제란 일반 구성원들의 요구와 의지가 민주적으로 논의·수렴되어 집행부에 전달되면, 집행부 차원에서 가장 바람직한 방향과 이행 경로를 설정한다음 상하를 막론하고 또 역할 구분을 막론하고 모든 구성원들이 총력을 기울이는 의사결정 및 집행 방식이다. 우진교통에서는 이러한 민주집중제 방식이 다양한 시행착오를 거치며 착실히 뿌리를 내리는 중이다.

한편 이런 자주관리 경영방식은 운수업계 차원만이 아니라 사회 경제 시스템 차원에서도 대단히 혁신적인 것이다. 이것이 가능했던 결정적인 요인 역시 김 대표의 역할이다. 리더의 솔선수범하는 모습과 배려와 존중이 배인 태도가 바로 그것이다.

"대표님이 일을 진행하는 방식은 늘 '리더가 중요하다'는 것이었죠. 솔선수범하면서 항상 직원들을 배려하고 존중하는 자세가 구성원 대다수의 지지를 얻게 되는 것이죠. 특히 신입사원이 처음 들어와도 대표님은 그 직원의 이름을 불러줘요. 그 순간 직원들은 대표님에 대해 엄청 존경스럽다는 마음을 갖게 되는 거죠." (K씨 인터뷰, 2017년 10월)

직무자치의 양대 바퀴: 경영자치와 노동자치

우진교통은 현장민주주의를 실현하고 효율적인 경영을 하기 위해 자주관리 경영 패러다임을 출범시켰다. 2005년 하반기부터는 경영팀과 노동조합 간에 '연석회의'를 구성해 운영하였다. 2008년 정관 개정 이후에는 자주관리위원회와 자주관리위원회 산하의 각종 직무자치위원회까지 운영했다. 그런데 위원들이 위원회 활동에 적응할 즈음이면 1년 임기가 종료되었다. 그리곤 다시 처음부터 새 출발이었다.

각 위원회의 지위와 역할, 위원들의 역할 등에 대해 기본 개념 정리가 필요했다. 임기가 시작되는 시점에 '위원회 워크숍'을 마련했다. 워크숍은 40여 명의 자주관리위원과 각종 자치위원이 한자리에 모여 자주관리기업에서의 직무자치의 의미와 역할에 대해 공부하고, 경영정책 사항과 향후 사업 방향 등을 고민하고 토론하는 자리가 되었다.

처음에는 만날 싸웠죠. 격렬하게 토론하다 욕하고 싸우고 나가버리고. 눈물겨울 만큼 서로에 대한 믿음이 있었지만 평소 얘기할 때는 욕부터 섞여 들어가니까요. 그래서 아주 작지만 호칭 문제부터 교육을 했어요. 그리고 중기적 차원에서 자주관리교실이라는 조직 리더

육성 프로그램을 6개월 과정으로 운영했어요. 노동자란 무엇인가부터 자주관리기업이 무엇인지와 같은 철학에 대한 교육은 물론 의사소통 방법, 회의 진행법 등을 교육했어요. 지금까지 80명이 이 과정을 수료했는데, 이들이 각 자치모임에 들어가서 토론 진행을 도와요. 전에는 워크숍이라고 하면 바닷가 가서 회 먹고 오는 게 다였는데, 지금은 역사문화 기행 같은 프로그램을 짰어요. 천천히 문화를 바꿔가는 거죠.[5]

2018년 현재 자주관리교실 수료생 수가 전 구성원의 절반에 이른다. '투명경영' 시기를 넘어 '자주관리' 시기에 접어들면서 구성원들의 의식구조는 고양되었고 자주관리 정신 역시 폭넓게 공유되었다. 현장자치와 경영자치가 직무자치의 틀 아래 착실히 실행되었다.

"4대 과제 제시 때도 그렇고 자주관리교실을 열 때도 홍순국 위원장님 등 노조에서도 약간의 의구심을 가졌더랬죠. '또 다른 파벌을 조장하는 게 아닌가?' 하는 말도 있었고요. 특히 자주관리교실 1-2기 때는 '빨갱이 학습 내지 의식화'라는 둥, 지도부에 잘 보이려고 참여하는 것이라는 둥, 이상한 소리도 하는 사람들이 있었어요. 회사서도 재정 지원을 하기 어려웠죠. 그런데 1년 정도 지나자 벌써 사람들의 시각이 변하기 시작했어요. 자주관리교실을 수료한 사람들이 인사

---

5 김하영, 같은 곳.

성도 밝고 선배들을 존경하고 솔선수범해서 일하니 여론이 호전되는 거죠. 호 평가가 이뤄지면서 재정 지원도 일부 이뤄지게 되었죠. 그렇게 6기생까지 자발적 교육으로 행해졌죠. 그러다가 2016년 7기부터는 완전 의무교육으로 진행되고 있어요. 현재까지 130명 이상이 수료한 셈인데, 특히 현장자치모임의 조장이나 총무 20명 중 18명이 자주교실 출신이죠."(김재수 대표 인터뷰, 2017년 10월)

2018년 현재 우진교통은 총 315명이 조직구조 측면에서 4개의 기능별 조직팀으로 구성되어 자주관리 경영을 해나가고 있다. 그 4개의 기능별 팀 조직은 경리부, 고객서비스부, 시설관리부, 자주관리실 등이다.

- 경리부: 3명(차장 외 2명)
- 고객서비스부: 287명(부장 외 6명, 승무직 280명)
- 시설관리부: 17명(부장 외 16명)
- 자주관리실: 8명(실장 외 7명)

자주관리위원회: 민주적 운영 원리와 효율적 경영의 출발점

자주관리위원회는 구성원총회(주주총회) 다음의 회사 최고 의결기관이다. 회사의 중요한 경영정책을 심의·의결하며, 월 1회 개최로

'노사협의회'를 겸한다. 회사 임원과 노조위원장, 구성원총회에서 선출된 자주관리위원 8명, 경영팀 부장 등 총 15명으로 구성되어 운영된다.

그러나 자주관리위원회의 위상에 맞는 운영을 위해 개별적인 관계에 있는 일부 구성원들의 이해와 요구를 대변하는 역할을 단절시키기 위한 노력이 필요했다. 많은 토론과 평가를 통해 전체 구성원에 의한 선출직 위원으로서 올바른 정책 구현을 위해 객관적이고 냉정한 심의를 할 수 있는 위원회의 위상을 정립하는 데 애써야 한다는 공유지점을 만들어냈다.

자주관리위원회는 일반 회사의 이사회에 해당한다. 우진교통(주) 자주관리 정관에 따르면, 자주관리위원회 위원은 회사 임원(회사 대표, 선출직 이사 및 감사),[6] 노조위원장, 구성원 총회에서 자주관리위원으로 민주적으로 선출된 8인의 위원,[7] 그리고 경영팀 각 부장 등으로 구성된다. 이사는 3인 이상, 감사는 1인 이상이며, 회사 임원의 임기는 3년이다. 위 자주관리위원의 임기는 2년으로 하되 연임할 수 있다. 자주관리위원회는 매월 1회 개최하는 것을 원칙으로 한다. 다만 부득이한 사유가 발생했을 시에는 회의 소집을 증가하거나 감소할 수 있다. 회의 소집권자는 대표이사이며, 예외적으로 회의를 소

---

6 2005년 출범 당시에는 김재수 대표이사 외에 우진 노조 파견이사, 상급단체(민주노총 충북본부) 파견이사 등이 이사회를 구성했다. 그러나 2009년 이후 자주관리위원회와 노조의 역할이 정립되며 파견이사 대신 비상임이사의 역할을 부여한다.

7 자주관리위원은 전체 투표로, 각종 자치위원은 자주관리위원회에서 선출함.

집할 수 있는 경우는 다음과 같다.

첫째, 자주관리위원 3분의 1 이상이 회의에 부의할 사항을 제시하고 소집을 요구한 때에는 대표이사가 요구일로부터 5일 이내에 회의를 소집해야 한다.

둘째, 대표이사가 회의를 소집하지 않은 때에는 노동조합 위원장이 5일 이내에 회의를 소집하며, 노동조합 위원장이 회의를 소집하지 않은 때에는 소집을 요구한 자주관리위원 3분의 1 이상의 연서명에 의하여 회의 소집을 할 수 있다.

셋째, 자주관리위원회에 대표이사가 불출석 시에는 자주관리위원회에서 선임한 위원이 임시 의장이 된다. 단, 임시 의장을 선임하는 자주관리위원회는 자주관리위원 중 연장자가 주재한다.

자주관리위원회(이사회)는 다음과 같은 내용에 대해 의결권을 가진다. ①회사의 주요 재산 구입 및 매각에 관한 사항, ②회사의 경영 예산 및 결산에 관한 사항, ③주요 채권·채무의 처리에 관한 사항, ④주식 변동에 관한 사항, ⑤각종 제도, 규정, 시행세칙의 제정 및 개정에 관한 사항, ⑥각종 위원회 위원의 선출, ⑦총회의 승인을 요하는 사항의 제안, ⑧대표이사 선 집행 사항의 사후 추인.

자주관리위원회의 보고사항은 ①영업실적, ②사업계획, ③감사 결과 보고, ④대리급 이상 구성원의 인사 등이다. 이사회 겸 자주관리위원회의 결정은 재적위원 과반수의 출석과 출석위원 과반수의 찬성으로 이루어진다. 자주관리위원회 산하에는 독립 운영이 보장되는 각종 위원회를 두어 총회 및 위원회의 결정사항을 원활하고 효율적으로 집행하고 추진하도록 돕는다. 그 각종 위원회의 구성은 아래와 같다.

- 인사위원회: 자주관리협약상의 인사위원회를 구성해 운영한다. 직원 징계의 필요가 있을 때에는 전체 직원의 논의를 거쳐 전 직원 투표로 결정한다. 징계를 담당하는 징계위원 역시 직원들의 투표로 선출한다.
- 자주관리공동결정위원회: 자주관리기업 정신에 의거해 정관을 비롯한 각종 규정의 개정 및 전체 구성원의 노동조건, 임금, 복지, 복무규율 등의 총회 상정 부의안을 조정하고 결정한다. 노동협약, 경영협약, 임금협약이 포함되며, 이는 노동조합 및노동관계조정법과 근로기준법상의 단체협약 및 취업규칙과 동일한 효력을 갖는다. 이런 맥락에서 매년 임금인상 폭을 전체 직원의 투표로 결정한다.
- 공동복지위원회: 전체 구성원의 후생복지 증진을 목적으로 기금을 마련하고 운용한다.
- 선거관리위원회: 전체 구성원을 대상으로 경영에 관한 선거를 관장하는 선거관리규정에 의거해 적용·운영된다.
- 채용평가위원회: 신입 승무원의 채용을 위해 '승무원공개채용 및응시자평가규정'에 따라 구성·운영된다. 다시 말해, 신규 직원을 채용할 때도 청탁 근절과 공정성 제고를 위해 평가 1-2일 전 노동조합 측에서 조직적 책임을 전제로 평가위원을 선

정하고, 동시에 회사 측에서도 평가위원을 선정해 사유가 발생
할 때마다 일시적으로 채용평가위원회가 구성되어 실기시험
과 면접을 주관한다.

- 자주관리위원회는 근로자참여와협력증진에관한법률의 '노사
  협의회'와 산업안전보건법의 '산업안전보건위원회'의 지위를
  겸한다.
- 이러한 각종 위원회의 조직 및 운영 등에 관한 사항은 해당 위
  원회의 규정 또는 협약 등에 따른다.

우진교통은 매년 1회 이상 회사의 회계감사를 실시해 그 내용과
감사 결과를 전체 구성원에게 공개해야 한다. 감사는 필요하다고 인
정할 경우 회사의 회계감사를 실시하고 그 결과를 공개할 수 있다.
감사는 회계감사와 업무감사를 병행하며, 이를 위해 감사팀을 구성
할 수 있다. 감사팀 구성은 감사와 감사 및 자주관리위원회에서 추
천한 4인 이내로 한다. 감사는 구성원의 과반수 동의가 있는 경우 즉
시 특별감사를 실시해야 한다.

비록 우진교통이 투명경영 시기를 거쳐 자주관리 시기에 잘 정착
하고 있지만, 아직도 재무 상태가 완전히 안정된 단계라고는 할 수
없다. 따라서 김재수 대표를 비롯한 자주관리위원들은 회사의 단기
생존만이 아니라 중·장기 비전에 대해서도 고민 중이다.

"단기적으로는 청주시 대중교통 정책과 관련, 준공영제를 도입하도

〈그림 2〉 직무자치 영역으로 보는 운영체계

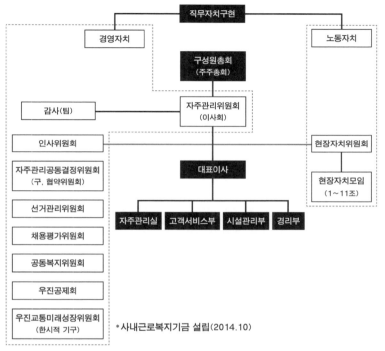

*자료: 우진교통 자주관리실.

록 더욱 힘을 모아야 하고요. 중기적으로는 현재의 주식회사 체제를 협동조합 체제로 바꾸어야 해요. 그리고 장기적으로는 우진만이 아니라 다른 회사들과 함께 일종의 협동조합 군(group)을 형성하는 것이 과제라고 할 수 있어요." (김재수 대표 인터뷰, 2017년 10월)

자주관리공동결정위원회: 노동으로 창출된 가치 분배를 실현한다

자주관리공동결정위원회[8]는 자주관리기업의 정체성이 가장 잘 반영된 체계다. 2008년 각종 규정 및 제도의 제·개정 시기에 전체 구성원에게 동등한 권리를 부여하고자 한 '자주관리 정관' 정신에 기초해 회의가 진행되도록 했다. 이를 근간으로 하여 임금의 경우 대표의 임금부터 단시간 노동자의 임금까지 모두 자주관리공동결정위원회에서 논의하기 시작했다. 그리고 노사 개념을 탈피한 용어로서 경영협약(취업규칙), 노동협약(단체협약)의 틀이 만들어졌다. 또한 자주관리공동결정위원회의 위상이 향후 노동으로 창출된 가치에 대한 분배의 의미가 실현되어 이익이 크든 작든 분배의 원칙이 자주관리기업의 가치에 어긋나지 않는 범위에서 정립될 수 있게 하자는 공유지점이 만들어졌다.

2013년 임금협약은 재무현황을 분석하고 노동성과를 객관적으로 평가해 그 결과로 임금동결을 제출했고, 전체 구성원의 투표 결과 가결되었다. 이는 시사하는 바가 크다. 생산 성과의 긍정적 결과만이 있는 것은 아니다. 그렇다면 우진의 미래를 고려한 냉정하고도 합리적인 원칙과 기준이 있어야 한다. 이에 대해 자주관리공동결정위원회가 실천했고, 그것을 전체 구성원이 인정한 것이다. 임금이

---

8 기존의 '자주관리협약위원회'가 2014년 노동협약 개정으로 '자주관리공동결정위원회'로 변경되었다.

동결되어 아쉬운 면도 있었겠지만 말이다.

채용평가위원회: 채용 비리에서 시작되는 파벌문화의 단절

채용평가위원회는 각종 직무자치위원회 중에서 투명경영의 출발로서 인사 비리의 폐해를 없애기 위해 구성되었다. 채용평가는 서류, 실기 및 면접, 심층면접의 3단계로 진행된다. 경영관리팀과 승무노동팀(노동조합 권한으로 선발된 위원)이 각 단계별로 위원이 중복되지 않도록 배정하며, 최종단계는 전원합의제로 운영해 공정성과 투명성을 확보했다. 2018년 4월 기준 자주관리기업 출범 이후 공채 34기까지 채용·입사했다.

그러나 무슨 일이든 아무 어려움 없이 성공하는 법은 없다. 서로 다른 의견과 입장의 차이, 생각의 차이, 의식의 차이가 부단한 도전으로 다가왔다. 보다 구체적으로 다음과 같은 불만이 표출되었다.[9]

"자기가 언제까지 인사위원을 하는지 두고보자구. 똑같은 승무원이면서 어떻게 그런 징계를 할 수가 있냐구. 자기는 사고 안 나냐구…."

---

9 지희구, "협동조합형 노동자자주관리기업 우진교통 이야기" 5회분, 평등사회노동교육원 자료.

"등 뒤에서 저런 말을 할 때, 종점지에서 커피 마시는 것도 부담됐습니다. 정말이지 회사를 그만두든지 인사위원을 그만두든지 하고 싶더라구요." (황OO, 전 인사위원)

그러나 그때마다 '역전의 사고', 즉 여기서는 (차이와 갈등을 역전시켜) 오히려 포용과 화합의 분위기를 만들어내면서 슬기롭게 문제를 해결해 나갔다. 바로 이것이 우진교통 특유의 역동성이다.

인사위원회: 규정과 규칙에 따른 판단과 공정함이 신뢰를 만든다

인사위원회는 승무원 채용이나 상벌에 대한 사안을 심의하는 곳으로 구성원들에게 심의결과가 직접적으로 영향을 미치는 영역 중 하나이다. 따라서 운행 업무를 병행하며 인사위원을 맡은 승무원의 경우 스트레스가 심했다. 하지만 가장 올곧게 운영의 틀을 잡아가고 있는 곳 또한 바로 인사위원회다. 규정의 잣대로만 적용하는 경직성에서 벗어나 회사나 노동조합의 각종 교육, 행사, 집회 등의 참여율을 반영해 감경의 근거로 삼고 있으며 대중교통 서비스 업체로서의 전문성을 고려해 사고예방을 위한 측면의 특별 프로그램 이수 등을 주문하는 방식의 운영을 하고 있다. 말 많은 현장에서 이렇게까지 공신력을 확립하는 데는 초기 인사위원들의 용기 있는 결단과 헌신적인 노력이 있었기에 가능했다.

공동복지위원회: 노동복지와 건강한 노동문화의 씨앗

공동복지위원회는 전체 구성원이 기금을 조성해 운영하는 조직이다. 자판기 운영 수익금이나 34인승 차량(직원 복지용) 후원금, 식권매입 수익금, 고철판매 수익금 등을 모아 휴양소(대명콘도) 운영, 장학금(대학 입학 시) 지원, 34인승 차량 운영, 생일 케이크 지급, 독감 예방접종, 편의시설(안마기 등) 지원, 각종 후원금 전달 등의 활동을 한다. 공동복지위원회는 구성원의 복지 증진에 이바지한 면도 크지만 실제 건강한 노동문화 형성에 이바지했다는 평가를 받는다. 휴양소 운영이나 장학금 지원은 가족친화적인 문화를 형성하고, 34인승 차량운영은 동호회 등 각종 취미활동 지원으로 이어져 좋은 반응을 얻었다. 특히 우진 직원의 약 60퍼센트는 여행이나 스포츠 등 각종 동호회 활동에 참여하는데, 이것은 구성원간 친목 도모는 물론 소통 강화에도 기여한다.

한편 일부 금액이지만 주변의 어려운 이웃에게 후원금을 전달하는 일을 통해 지역 연대의 마음을 실천하기도 한다. 이런 인간존중 및 연대의 조직문화는 우진교통 구성원들(가족 포함)로 하여금 나름의 자부심을 느끼게 한다.

"솔직히 종점지 가서 얘기 나누다 보면 의식이나 문화의 차이가 느껴져요. 우리는 대수롭지 않게 일상적인 부분을 말하는 건데 타 회사 사람들은 낯설어 해요. 임금도 임금이지만 문화적 수준, 뭐 그런 걸 부러워한다고 할까요? 아무튼 그럴 때 우리는 역으로 회사에 대한 자긍심을 느끼는 거죠." (2012년 자주관리워크숍 조별토론 발표 중)

"일전에 회사에서 단체 영화(부러진 화살, 설국열차) 관람했을 때 애들이 아빠도 그런 걸 다 보냐면서 놀라더라고요. 그런데 그걸 계기로 영화 보러 갈 때 아빠 회사는 이거 보러 안 가냐고, 또 같이 갈 거냐고 물어보더라고요. 하~ 이렇게 재미있게 살아가는 길도 있는 거구나 합니다." (공채 6기생 승무원)

선거관리위원회

선거관리위원회는 구성원 총회 의결사항이 많은 시스템이다 보니 상설 운영이 아니더라도 불가피하게 구성해야 하는 조직이다. 우진교통 직원들은 대표이사, 이사, 감사 등의 임원을 직접투표로 뽑는다. 또 8인의 자주관리위원 역시 직원들이 직접선거로 뽑는다. 이는 우진교통 특유의 현장민주주의를 구현하는 한 방식이다.

선거관리위원회는 직원 총회의 정신을 살리되 효율적인 과정을 고민하며 운영한다. 어떤 경우 한 달 동안 총투표 사안이 3건이었던 적도 있다. 때로는 일정관계상 경영설명회와 선거 또는 직원 투표가 같은 날 진행되기도 한다. 그 구체적인 일정이 어떻든 산업민주주의 내지 현장민주주의 구현을 공식 담당하는 위원회가 선거관리위

원회인 셈이다.[10]

우진공제위원회: 작은 협동조합 운영의 경험

우진공제위원회는 자체적으로 운영하는 공제 조직으로, 운전자 보험에 준하는 내용을 규정으로 하여 상부상조하고 있다. 2011년 7월부터 3년간 제1기 공제사업(사고보험 및 상해보험)을 운용한 결과 약 2억 원의 수익금이, 또 2014년 7월부터 3년간 제2기 운용 결과 역시 약 2억 원의 수익금이 나왔다. 이제 2017년 7월부터 3년간 제3기 운용을 하고 있다.

매 3년 2억 원 정도의 수익금은 적지 않은 액수다. 이제까지 대기업 보험회사에 거액의 돈을 납부하던 것에서 우진공제회를 자체 운용함으로써 매년 그만큼의 비용을 절감하게 된 것이다. 이처럼 300명이 모여 한 가족처럼 회사를 운용하니 외부에 의존함으로써 발생하던 비용을 상당 정도 줄이게 되었다.

한편으로는 자체 공제회가 사고보험 및 상해보험과 같은 사업, 즉 일종의 '보험협동조합'을 운영하고, 다른 편으로는 교통안전관리위원회에서 사고 예방 및 감소를 위한 노력을 경주함으로써 엄청난 경비 절감과 동시에 자금 축적까지 이루었다. 이 또한 자주관리의

---

10 김상봉, 《기업은 누구의 것인가》(아카넷, 2012).

작은 결실이다.

또 2014년 10월에는 사내근로복지기금도 설립했다. 이 기금의 원천은 이미 2005년 4월부터 시작된 공동복지사업, 즉 식권 판매 및 자판기 사업에 따른 수익금이다. 비록 규모는 크지 않지만 우진교통의 조직문화에서 자주관리 또는 자율경영의 또 다른 측면을 보여준다. 이는 기본적으로 우진교통 전 구성원의 복리 향상을 위한 것임은 물론 향후 협동조합으로의 전환 등 조직적 도약을 위한 물적 토대로 작용할 것이다.

지금까지 경영 관련 직무자치위원회의 구성 비율은 직접노동을 담당하는 현장과 경영이 6:4 또는 7:3이었다. 직무자치위원회에서 현장 노동자의 비율이 경영 담장자의 비율보다 훨씬 높은 편이다.

미래성장위원회: 미래 발전을 위한 또 하나의 시작(2013년)

2005년 노동자자주관리기업 출범과 함께 '노동자의 희망을 실천한다'는 구호가 우진교통 현관에 새겨졌다. 전체 노동자 구성원이 노동에서 소외되지 않고 고용안정 속에서 '착한 노동'이 정착되는 행복한 기업을 만들어가겠다는 것이었다. 이 철학은 우진교통에서 현재진행형으로 생생하게 살아 있다. 2013년에는 향후 10년 뒤의 희망적인 미래를 전망하고 설계하기 위해 한시적으로 '미래성장위원회'를 구성해 활동했다. 이는 2014년까지 1년간 한시적으로 운영되었고, 그 결과 우진교통의 미래를 위해 다양한 아이디어가 제출되었다.

즉 우진교통의 조직과 문화, 제도, 그리고 사업영역의 확대 등 미래에 펼칠 수 있는 모든 가능성이 제시되었다. 더 큰 차고지를 확보하고 공동체의 가능성을 현실화할 수 있는 여러 사업들도 고민했다. 제안된 미래 설계의 내용들은 향후 추진될 정책이나 사업을 위한 모티브라는 의미를 가졌으며 실제 토대가 될 가능성도 컸다. 그러나 무엇보다 중요한 것은 제도나 조직이 아니라 사람의 변화였다. 이런 변화에 대한 김재수 대표의 감회는 남달랐다.

> "저는 우리 조합원들이 참 자랑스럽게 느껴져요. 다른 회사 같으면 술만 먹고 요구만 하는 경우가 많은데, 우리는 그렇지 않죠. 물론 술도 좋아하지만 적당히 즐기는 정도이고 다양한 동호회 활동이나 나무심기 등에도 열심히 참여하고, 특히 자주관리교실 졸업논문에서 대단히 의미 있는 얘기들이 오갈 수 있다는 것만 해도 정말 존경스럽죠." (김재수 대표 인터뷰, 2017년 10월)

특히 시간이 지나면서 노동자의 자율성과 공동체를 핵심으로 하는 자주관리기업의 정체성을 지속적으로 수호하기 위해 더 이상 주식회사 형태가 아니라 '협동조합'으로 구조 전환을 모색하는 것이 핵심 과제 중 하나로 부각되었다. 이를 위해 우진교통의 미래성장위원들과 경영팀 대표들(총 16명)은 2014년 7월부터 10월까지 6차례의 사전교육 뒤 2014년 10월 15일부터 23일까지 7박 9일간 유럽연수 (영국, 프랑스 중심)를 다녀왔다. 이 연수에는 미래성장위원 11명을 포함해 총 16명이 참여했고, 별도의 '연수보고서'를 작성했다.

노동의 주체를 바로세우다

시간이 지나면서 자주관리기업 구성원의 동등한 권리와 의무 구현이 경영 참가에만 국한되지 않는다는 성찰을 하게 되었다. 이런 성찰은 혁신적 리더십을 보여준 대표 및 경영팀의 핵심 고민이었다.

생산수단과 인간의 노동이 어떻게 결합할 수 있는지, 이런 결합에 의해 생산된 상품 관리는 어떻게 할 것인지, 생산수단에 비해 노동이 우위가 될 수 있는 관점에서 훨씬 자율적이고 자치적으로 결정될 수 있도록 하는 방안은 무엇인지를 고민하게 된 것이다.

그 결과 노동자가 현장의 노동과정에 직접 참여해 주체가 되는 '현장자치모임'(직무자치의 기초 단위)과 '교통안전관리위원회'(현장자치위원회)를 구성·운영하며 각각의 의사표명과 해결방안 모색을 위한 소통 창구를 열어놓는 직무자치를 전면 시행하게 되었다.

이렇게 노동의 직무자치는 경영의 직무자치와 유기적으로 결합한다. 즉 한편에서는 경영의 직무자치를 구현하는 구심인 자주관리위원회를 필두로 경영 관련 각 자치위원회가 움직이고, 다른 편에서는 노동의 직무자치를 구현하는 구심으로서 교통안전관리위원회(현장자치위원회)를 필두로 11개조로 편성된 현장자치모임이 활발히 움직인다. 이들은 서로 독립적이고 자율적인 운영과 결정권을 존중하며 보장한다. 물론 각 영역은 유기적으로 연결되고, 전 구성원들 역시 이런 시스템의 성격을 잘 이해하고 있다.

현장자치모임: 노동의 직무자치 실현의 첫 출발

현장자치모임은 우진교통 구성원이면 누구나 그 일원이 되어 활동하는 직무자치의 기초 조직이다. 이 단위에서는 노동과정에서 발생하는 각종 사안에 대해 의견을 제출하고 토론한다. 물론 결정사항에 대해 책임감 있는 실천하는 역할도 요구된다. 권리와 책임이 한 덩어리가 되는 셈이다.

한 해의 현장자치위원회 사업계획이 결정되면 1년 동안 각 자치모임은 장·단기 계획을 수립하고 점검하며, 목표 달성을 위해 분주하게 활동한다. '교통안전 및 친절서비스 규정'에 따라 무사고 달성 자치모임에 대한 집단 포상도 이루어진다. 포상격려금으로 해외여행도 다녀오고 월별 정기모임을 야유회로 다녀오기도 한다. 경우에 따라 먹거리 여행도 추진하는 등 다양한 방식으로 운영된다.

여러 조의 현장자치모임이 동시에 이뤄질 경우, 대교육실을 분리해 두 개로 나누고 소회의실 두 개를 모두 사용하기도 한다. 자유로운 스타일로 진행하는 것 같지만 결코 가벼운 미팅은 아니다. 현장자치모임 때마다 회의실 문밖으로 새어나오는 열띤 토론소리와 우렁찬 웃음소리는 '살아 숨쉬는' 현장의 분위기를 말해 준다. 이제 막 걸음마를 뗀 우진교통이 서서히 혈기왕성한 청년으로 성장하는 중이다.

2008년부터 10년간 일한 홍순국 노조위원장에 이어 2017년에 새로 선출된 박우용 노조위원장은 직무자치와 관련해 일반 회사와 우진교통 사이의 차이점을 이렇게 표현했다.

"일반 기업에서는 노조가 대의원대회를 개최하여 현장의 주장이나 목소리를 취합한 다음에 회사 측을 상대로 요구하여 힘으로 관철하는 역할을 하는 데 비해, 우리 우진교통에서는 상집 위원이나 대의원들이 노동자치나 경영자치, 즉 직무자치 시스템을 함께 실천하는 주체라는 점에서 큰 차이가 있습니다. 이미 자주관리 시스템이 구축된 상태이기 때문에 굳이 일반적인 노사관계처럼 힘겨루기를 할 필요가 없는 셈이죠. 직무자치란 앞에서 이끄는 게 아니라 구성원들이 자율성과 공동체 의식 속에서 같이 만들어가는 것입니다." (박우용 위원장 인터뷰, 2017년 10월)

현장자치위원회: 민주집중제의 기본을 지켜낸다

현장자치위원회[11]는 근로조건에 따라 총 11개조로 구성된 현장

---

11 기존의 '교통안전관리위원회'가 2017년 12월 1일 직무자치규정 개정으로 '현장자치위원회'로 변경되었다.

자치모임을 다시 직군별로 구성한 자치위원회다. 여기에 각 부서별 및 조별 화합이나 의견 조율을 위해 '자치위원회 연석회의'를 구성해 운영하고 있다.

연간 현장자치위원회 사업계획을 바로 이 연석회의에서 다루며, 연간 활동에 대한 사업평가 및 성과를 감안해 격려금 지급 여부 등을 논의하고 향후 노동과 직무 계획 또한 수립한다. 그리고 10개조의 자치모임으로 구성된 승무직의 경우 특별하게 노동과정에서 발생한 문제 등의 개선을 위해 현장자치모임에서 다뤄진 안건을 조장과 총무가 참석하는 현장자치위원회에서 논의한다.

이러한 자치활동의 효율성을 극대화하기 위해 고객서비스부는 집행기관으로서 각종 자료와 정보 및 교육 등을 제공하며 울타리를 치고 길 안내도 하고 있다.

"일하면서 발생하는 운행 간격이나 배차, 사고 등에 대한 권한을 현장으로 넘기면 경영관리는 뭐가 남는 걸까요? 좀 혼란스럽네요."

"현장자치모임의 조장 권한을 확대해서 운영했으면 좋겠어요. 조원들을 통솔하기가 힘들고 참석 안 하는 사람들은 계속 참석 안 하니까 불만이 해소되지도 않고…." (현장자치위원회 토론 내용 중)

직무자치의 한계지점에서 다시 직무자치를 만들다!

위 구성원들의 말처럼 실제 과정에서 직무자치에 대한 이해의 편차는 생각보다 컸다. 노동과정과 경영의 참여를 직무자치의 틀로 설명한다는 것이 이론과 실천 모두 어렵게 다가왔다.

처음에 안타까웠던 것은 선행 사례를 찾지 못해 도움을 받을 곳이 없었다는 것이다. 이런 상황에서 우진의 구성원들은 모든 문제를 극복했던 방식으로 기본부터 다시 시작해야 했다. 모임별로 원활한 회의 진행이 될 수 있도록 회의와 토론 진행법을 교육하는 것도 중요했다. 그렇게 해서 난상 토론이 감정의 충돌로 이어지는 경우를 최소화하도록 했다. 또한 직접적인 직무 외에 경영 관련 사안에 대해서는 경중에 따라 회사대표나 노동조합 위원장과의 간담회 형식도 추진했다. 회의 성격에 따라 제한된 사안이라 할지라도 운영방식의 보완 시스템을 활용해 원만히 처리되도록 했다.

처음에는 토론인지 싸움인지 회의하다가 집에 가버리기도 하고 모임에 참석도 않던 자치모임이 아주 느리지만 서서히 제모습을 만들어가기 시작했다. 우진교통의 구성원들이 자치활동을 하며 사안별로 갈등을 극복해 나간 사례 중에는 매우 기발한 아이디어가 동원된 경우도 있다. 대부분 조장은 연배가 높은 구성원이 하게 되는데, 그 자치모임이 별 다른 성과 없이 무기력해진 경우가 있었다. 그래서 1년 뒤 조장이 조원들을 설득해서 나이 어린 총무를 새 조장으로 교체했다. 그때 기존 조장이 이런 말을 했다.

"나는 초심으로 돌아가고 더 많이 배운 젊은 총무가 우리 조를 이끈다면 뭔 일이든 못할까? 아, 나이 먹은 내가 모범을 보이겠다는데 말이야. 뒤에서 밀 테니 신나게 달려. 우리도 목표 달성하자고."(현장자치모임 선배 조장의 발언)

현재 경영설명회나 직무자치의 기초인 현장자치모임의 참여율은 평균 90퍼센트를 넘는다. 구성원들은 월별 경영설명회, 현장자치모임, 봉사활동 등에 참석하는 것을 기본으로 생각하고 실천한다. 이 외에도 자치위원회 소속 위원들은 1-2회 정도 추가되는 고정 회의단위에 참석한다. 참석에 대한 어려움은 있지만 참석 여부와 관련한 갈등은 더 이상 자주관리기업 우진교통을 힘들게 하지 않는다.

이렇게 우진교통의 구성원들은 직무자치를 수행하기 위해 현장자치모임의 일원이 되어 활동한다. 현장자치모임은 직무자치의 기본 단위로 승무직, 정비직, 사무관리직 등 직군별, 노동조건에 따라 구성한다. 현장자치모임은 1개 조당 약 25명 내외로 구성한다.

현장자치모임은 월 1회 이상의 '정기모임'을 운영한다. 정비직 및 사무직의 현장자치모임의 운영은 각 직군별 상황에 맞게 운영할 수 있다.

정기모임 중 사업의 성과와 평가, 필요 사안에 대해 회사 주체의 '현장자치모임 분기별 회의'를 운영할 수 있다. 단, 사안에 따라 일정과 참석 범위를 조정할 수 있다. 현장자치모임의 역할과 과업은 다음과 같다. ①노동과정에서 발생하는 다양한 사항에 대한 논의, ②

현장자치모임에서 상정하는 안건의 논의, ③자치위원회 결정사항에 대한 공유와 논의 등이 바로 그것이다.

현장자치 조원의 권리와 의무는 노동자자주관리기업의 운영원리인 민주집중적인 의사결정과 실천의 역할을 수행하고, 현장자치모임 활동과 회의에 참여하며, 발언과 의결의 권리를 가지는 것으로 요약된다. 단, 현장자치모임 활동의 적극성 정도에 따라 각각 포상할 수 있다.

현장자치모임은 조별로 조장과 총무를 둔다. 조장과 총무의 임기는 1년이며, 매년 말인 12월 중 해당 자치모임별로 선출한다. 조장과 총무의 유고시 한 달 이내에 재선출한다.

조장은 현장자치모임의 정기모임을 운영하며 총무는 이를 보좌한다. 조장과 총무는 자치위원회에 의무적으로 참여하며, 정기모임의 회의 결과를 보고하고 자치위원회의 회의 결과를 정기모임에 보고한다. 조장과 총무는 결정된 사항에 대해 적극 실천을 도모한다. 조장과 총무는 현장에서 일어날 수 있는 업무나 운행흐름(간격조절) 등을 조절해 원활하게 하도록 지도할 권한을 갖는다. 조장과 총무의 활동비로 월별 일정액을 지급한다.

그렇다면 실제로 현장자치모임에 참여하는 우진의 구성원들은 어떤 생각을 하고 있을까? 우진교통 고유의 자주관리 경영에서 비롯된 노동의 주체화 내지 자율화는 우진 구성원들로 하여금 책임의식을 갖고 서로 신뢰하고 협력하는 가운데 즐겁고 보람 있는 일터를 만들어나가게 이끈다.

"직무자치를 하게 되면 매일 일하는 과정에서 생기는 고충이나 문제점에 대한 목소리 같은 걸 반영하기가 좋아지죠. 다른 회사와 비교가 안 될 정도죠. 물론 나름의 책임감도 있기 때문에 약간의 부담은 있지만, 그걸로 인한 스트레스는 그리 크지 않아요. 전체 구성원들이 마음 편하게 일할 수 있는 일터가 바로 우진이죠." (K씨 인터뷰, 2017년 10월)

한편 직군별 자치위원회를 구성해 운영할 수 있는데, 승무직은 그 명칭을 '현장자치위원회'(구 교통안전관리위원회가 2017년 12월부터 개칭됨)로 통합해 운영한다. 정비직 및 사무관리직 자치위원회를 운영할 경우 현장자치모임에 해당 부서장을 위원장으로 하여 구성한다. 각 부서별, 조별 화합과 의견 조율을 위해 '자치위원회연석회의'(이하 '연석회의')를 구성해 운영할 수 있다.

연석회의는 현장자치위원회와 정비직 및 사무관리직 현장자치모임의 조장과 총무, 부서장으로 구성한다. 연 1회 이상 '자치위원회연석회의'를 개최하며, 연석회의의 의장은 대표이사가 맡고 부의장은 노동조합 위원장으로 한다.

연석회의는 활성화된 내부 토론과 민주적 의사결정을 통해 현장의 노동과정과 주요 정책에 대한 결정권을 갖는다. 단, 그 결정의 범위는 정관 및 자주관리협약의 범위를 상회할 수 없다.

현장자치위원회의 경우 월 1회 이상의 정기회의를 개최한다. 현장자치위원회는 현장자치모임의 조장과 총무 그리고 해당 부서의 부서장으로 구성하며, 실무 책임자 1인(간사)을 둔다. 현장자치위원회의 위원장은 해당 부서장으로 하며 회의를 주재한다. 노동조합 사무국장은 회의에 공식 참관한다. 현장자치위원회는 직무자치에 관련되는 제반 사항에 대한 논의, 현장자치모임에서 상정한 사항에 대한 논의, 해당 부서에서 상정한 사항에 대한 논의 등을 수행한다. 여기에서 중요한 것은 당사자들이 지속적으로 논의하고 문제를 공유한다는 점이다. 물론 이 위원회에서 논의한다고 구성원들이 원하는 대로 다 되는 것은 아니다.

> "직무자치가 당연히 중요하긴 하나 다른 편으로 내가 원하는 것이 안 될 때는 좀 불편한 면도 있어요. 저처럼 좌석버스를 운전하는 경우, 이전에는 분리 승강장이 있어 일반과 좌석이 따로 정차했는데, 지금은 모두 서야 해요. 안 서던 곳도 서라고 하니 예전보다 안 좋아졌어요. 이런 건 자치모임에서 얘기해도 반영이 안 됐어요. 인근 주민 민원 때문에 만들어진 시 당국 방침이 있다는 거죠." (N씨 인터뷰, 2017년 10월)

한편 직무자치 업무와 관련된 제 결의는 재적인원의 과반수 출석과 출석인원 과반수의 찬성으로 한다. 따라서 일정한 동의를 확보하지 못하면 아무리 좋은 아이디어도 결의되지 못한다. 거꾸로 보면, 구성원들 대다수가 원하는 경우 동의를 확보해 결의가 이루어지고, 이는 구성원들의 적극적인 참여 아래 실행된다. 물론 일부 의견은 일말의 타당성이 있음에도 다수의 동의를 얻지 못하는 경우도 있다.

"제 개인적으로는 직원들이 사고를 내는 경우 좀 따끔하게 처벌을 해야 한다고 보는데, 그게 잘 반영이 안 되었어요. 작은 사고는 경미한 벌금 정도로 그쳐도 되지만 신호위반이나 추돌 같이 비교적 큰 사고를 내면 제대로 징벌해야 한다고 보거든요. 이 경우에 인사 기준이 좀 약하다고 봐요. 그러다 보니 안전사고나 음주운전 같은 게 생기기 쉬운 조건이죠." (N씨 인터뷰, 2017년 10월)

다시 말해, 자주관리라고 해서 직원들이 원하는 것이 곧바로 회사 방침으로 실현되는 것은 아니다. 노동자치와 경영자치는 구성원 내부의 민주적 협의와 동의 절차를 거쳐야 비로소 힘을 받게 되는 것이다. 당장엔 서운한 점이 있더라도 그 모든 논의 및 고민의 과정이 중·장기적으로는 조직의 참된 발전을 위한 밑거름이 될 것이다.

우진교통의 도전은 계속된다

경영자치를 경영참여 시스템의 확대로 현실화하고 노동과정에 대한 통제권을 노동의 주체에게 돌려주는 일은 모험이기도 했고 여전히 진행중인 도전이다. 하지만 우진교통 구성원들은 이제 권한에 대한 책임의 무게에 대해 고민하고 있다. 그리고 과연 노동통제권을 온전히 부여하는 것이 정답인지, 자치조직의 활성화 방안에는 무엇이 있을지 더 깊은 과제를 풀어나갈 준비가 되어 있다.

특히 우진교통은 향후 주식 소유의 분포에 따라 자주관리 경영 시스템이 현저히 바뀔 수 있기 때문에, 중·장기적으로 주식회사 형태를 벗어나 협동조합으로 전환하려는 계획을 갖고 있다. 이것은 현재의 김재수 대표가 보여온 변혁적 리더십이 끝까지 계속된다는 보장이 없기 때문에 특정 개인의 리더십에 의존하는 데서 벗어나 시스템 차원에서 자주관리 경영 시스템을 정착시키기 위한 노력이다. 이러한 변화 모색에 대해 일반 구성원들은 어떤 생각을 하고 있을까?

"만일 김 대표님이 떠난다면 그 이후가 어떨지 처음엔 걱정이 되기도 했어요. 지금까지 김 대표님이 171일 파업 경험에서도 탁월한 리더십을 발휘했고, 경영정상화 이후에도 '부드러운 카리스마'를 가지고 자주관리 시스템을 잘 정착해 오셨거든요. 현재 그 다음을 이어갈 대안을 고민하고 있는데, 아무래도 협동조합으로 전환하는 것이 시스템적으로 가장 낫다는 결론이죠. 자주관리 경영이 흔들리지 않도록 새로운 시스템을 잘 구축하는 것이 과제인 셈이죠." (C씨 인터뷰, 2017년 10월)

비록 전체의 한 걸음은 더딜지라도 그 한 걸음은 끝내 커다란 물결을 이루어 마침내 위력을 갖게 될 것이다. '노동자의 희망을 실천한다'는 우진교통의 사훈은 노동자가 주체라는 사실로부터 출발한다. 그리고 각각의 활동 영역 속에서 권한과 책임을 충분히 인식한 창의적 결과물들이 현재의 자주관리기업 우진교통을 낳았다. 이러한 우진교통의 혁신적 실험은 이제 지역을 넘어 전체 노동자의 희망으로 천천히 전진할 것이다.

8

더디지만 알차게
경영 성과

노동자치 활동, 현장자치위원회.

더디지만 알차게 전진하는

현재 우진교통이 이뤄낸 성과는 한두 가지로 집약할 수 없을 정도로 놀랍다.[1] 2005년 출범 당시 약 260명이었던 직원은 2017년 말 317명으로 50명 이상 늘었고(〈그림 3〉), 차량도 103대에서 117대로 늘었으며(〈그림 4〉), 매출액도 127억에서 약 250억으로 증가했다(〈그림 5〉). 다만 장부상의 당기순이익은 설명이 좀 복잡한데, 사실상의 수익성 증대에도 불구하고 그간 미설정이었던 퇴직금 및 연차수당 충당금이 새롭게 설정되며 손익계산서상 당기순손실로 기록되었기 때문이다. 이런 회계상의 문제를 제외한 수익성 지표로는 일일 대당 평균수익금을 들 수 있는데, 이 일일 대당 평균수익금은 출범 당시 33만 원에서 2017년 약 40만 원으로 늘었다(〈그림 6〉). 이것은 물가상승에도 불구하고 인구증가율 둔화와 버스승객 감소 및 자가용 승용차 사용 증가 등을 감안할 때 상대적으로 우수한 수익성을 보여주는 것으로 해석된다.

한편 총 매출액을 구성원 수로 나눈 매출액생산성을 보면 더욱 놀랍다. 2005년 출범 첫 해 매출액생산성은 구성원 1인당

---

1 충북인뉴스, "1년 안에 망할 뻔한 버스회사, 어떻게 '연구 대상' 됐나", 〈오마이뉴스〉, 2017. 8. 4.

48,473,282원(약 4850만 원)에서 2017년 78,555,205원(약 7855만 원)으로, 출범 당시에 비해 약 62퍼센트나 증가했다. 물론 이러한 성과에는 수많은 변수가 존재하지만, 무엇보다 전 구성원의 피와 땀과 눈물의 총체, 즉 연대와 협동이 없었다면 이룰 수 없었던 결과라고 본다.

한편 그간 부채도 50여 억 원 정도 줄었고 자산은 몇 배 이상 증가했다. 사내에 자체 공제회까지 만들어 구성원간 상호부조하는 장치를 만들고, 운전자 상해보험을 자체 운영해 사회적 금융의 맹아까지 만들었다. 회사의 주요 출입구에 붙은 '노동자의 희망을 실천한다!'는 구호가 현실로 이뤄지고 있고, 구성원들의 만족도 역시 상당히 높은 편이다. 다른 운수회사 기사들이 우진교통에 입사하고자 줄을 선다는 말이 있을 정도다.

2012년 1월에는 성실납세법인으로 선정되었고, 2012년 12월엔 버스안전대상까지 받을 정도로 회사 자체의 사회적 신뢰도 높이 쌓았다. 부도 기업 내지 부패 기업의 이미지를 씻고 투명한 기업, 인간 존중 기업, 건강한 기업으로 거듭난 것이다.

물론 매출액 증가에도 불구하고 물가상승 및 인건비 증가, 차량이나 차고지 등에 대한 새로운 투자(더디지만 차량이 증가했고, 2015년 7월엔 제2차고지까지 확보했다), 연료비 상승, 부채상환, 퇴직금 적립 등 제 요인들을 감안하면 당기순이익이 기대만큼 증가하기 어려운 것은 당연한 일인지 모른다. 오히려 회사가 성장하고 고령자 및 퇴직자가 늘어 퇴직충당금에 대한 요구가 증가해 회계상의 계정 조정이 불가피했고, 그 결과 매출액 증가가 순이익 증가로 그대로 이어지기 어려웠다. 그리고 이런 상황은 당분간 급변하기 어려울 것으로 보인다. 그럼에도 전반적으로 우진교통은 자주관리기업으로 전환한 이후 경제적 측면은 물론 사회적 측면에서도 상당한 성과를 거두었다고 평가된다.

이러한 우진교통의 경영성과는 경영참여의 경제적 효과를 분석한 다른 연구결과와도 상당 정도 상응한다.[2] 그 연구는 전국 사업체 패널조사 1차년도(2005)부터 6차년도(2015)까지의 자료 중 노동조합이나 노사협의회(경영참여)가 존재하는 사업체를 대상으로 경영참여 수준이 사업체의 경제적 성과에 어느 정도 영향을 미치는지를 실증 분석한 것이다. 그에 따르면, 전기의 경영참여 수준이 높아질수록 일정 수준까지는 당기의 1인당 부가가치 생산성 및 임금이 동시 상승하다가 그 이후 하락하는 역U자 패턴을 보였다.

우진교통의 경우도 물론 이와 동일한 결과는 아니지만 자주관리기업으로 표상되는 높은 경영참여가 지속됨에 따라 1인당 매출액으로 상징되는 생산성과 만족도, 임금 등이 동반 상승하는 결과를 보여 상당 정도 일치함을 알 수 있다. 그러나 우진교통의 경우 이러한 경영참여 내지 자주관리 효과를 상쇄하는 대내외 요인들(예컨대 버스 승객 감소, 연료비 상승, 준공영제 도입의 지연 등)이 존재하기에 재정적으로

---

2 김정우, "경영참여가 사업체의 경제적 성과에 미치는 영향에 관한 패널분석," 〈산업 노동연구〉, 24(1) (2018), pp. 261-295.

〈그림 3〉 우진교통의 연도별 조직 구성원 수 변화

(단위: 명)

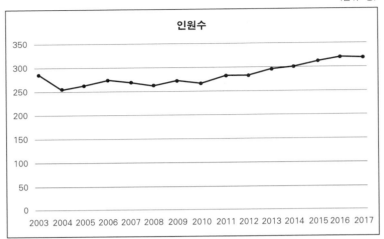

〈그림 4〉 우진교통의 연도별 차량 대수 변화 추이

(단위: 량)

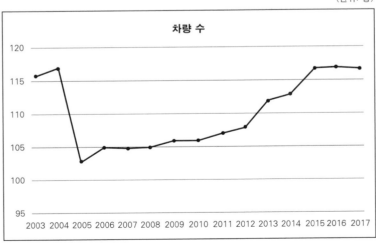

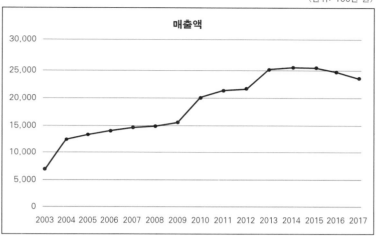

〈그림 5〉우진교통의 연도별 매출액 변화 추이

(단위: 100만 원)

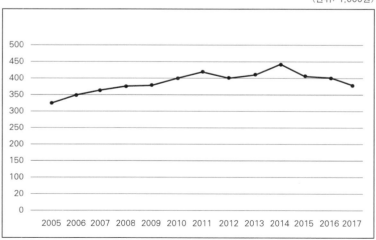

〈그림 6〉우진교통의 일일 대당 평균수익금 변화

(단위: 1,000원)

는 여전히 불안한 상태인 것도 사실이다.

그럼에도 불구하고 최소한 우진교통이라는 경영조직 그 자체의 잠재력은 상당하다고 봐야 한다. 그것은 정직하고 투명한 경영과 주인의식으로 무장한 노동이 연대와 단결의 가치 위에 한마음으로 달려가고 있기 때문이다. 이를 증명하듯 우진교통과 다른 회사를 비교한 다른 연구에 따르면, 자주관리 내지 경영참여가 이뤄질수록 구성원들의 조직공정성 인식이 높아지고, 그 결과 지식공유 의도는 높아지는 반면 이직 의도는 낮아지는 경향을 보였다.[3]

달리 말해 일반 기업들에서 흔히 볼 수 있는 부패와 타락, 권위와 독단의 경영 문화나 이윤의 사유화와 같은 퇴행적 경영이 척결된 상태에서 모든 조직 구성원들이 개별 이익을 추구하기보다는 공동체의 발전과 보람을 추구하는 경향이 있기 때문에 우진교통의 미래는 밝은 편이라 할 수 있다.

---

[3] 조규준, "경영참여가 구성원들의 지식공유의도와 이직의도에 미치는 영향," 고려대 기업경영학과 석사논문(2017) 및 조규준 · 강수돌, "경영참여가 구성원들의 지식 공유 및 이직의도에 미치는 영향: 조직공정성의 매개효과", 〈산업관계연구〉, 27(4) (2017), pp. 1-28. 그 외, 우진교통의 직무만족도 역시 비교집단(M운수)에 비해 통계적으로 유의하게 높은 것으로 나타났다.

청주시 동종업종간 비교

우진교통의 경영적 우수성은 청주시라는 동일 지역 내 6개 회사간 비교에서도 간접적으로 드러난다. 즉 우진교통은 여타 회사에 비해 차량 대수도 많을 뿐 아니라 가장 많은 고용을 창출하고 있으며, 1인 당 매출액으로 표시된 노동생산성 역시 2위권으로 나타났다. 물론 차량과 인원수가 많음에 따라 운송원가 및 판매관리비 또한 높기 때문에 비용 요인을 줄이는 것은 시급한 과제로 대두된다.[4]

다음으로는 상대적 비교 관점이 아니라 우진교통 스스로의 경영 성과를 절대평가의 관점에서 크게 인간성과 효율성 측면으로 나눠 살펴보자.

---

4 현재의 여건(자가용 승용차 증가와 버스승객 감소, 각종 비용 증가, 준공영제 미실시 등)에서 청주시 6개 버스회사는 운송수지상 각기 수억의 적자가 나는 실정으로, 국비, 도비, 시비 등 당국의 보조금(총 300억 이상) 없이는 결코 정상 운영(시민의 발이라는 공공성 유지)이 어려운 구조다.

〈표 4〉 청주시 시내버스 6개 사 중 우진교통의 위상

(2015년 기준, 단위: 대, 명, 100만 원)

	버스 대수	직원 수	매출액	1인당 매출 생산성	운송원가 및 판매관리비	운송 수지
A사	54⑥	152⑤	10,863⑥	71.47⑥	11,757⑥	-816⑤
B사	69②	193②	14,052②	72.81⑤	14,960②	-811④
우진교통	113①	299①	22,839①	76.38③	23,661①	-779③
C사	65③	172③	13,153③	76.47②	14,125③	-889⑥
D사	60④	152⑤	12,009④	79.01①	12,611④	-624②
E사	59⑤	156④	11,764⑤	75.41④	12,355⑤	-555①

*자료: 청주시 버스회사 경영상태 평가 연구용역 보고서(2017. 4.) 및 저자 자체 계산.
*매출액: 운송 수입, 보조금 수입, 광고 수입 등의 총합.
*원 내 숫자는 6개 사 중 순위.

노동자의 만족도

인간성을 측정하는 학술 지표는 체계적으로 개발된 것이 없다. 하지만 경영학에서는 대체로 직무만족(job satisfaction)이나 생활만족(life satisfaction)이라는 지표를 사용한다. 직무만족에서 가장 중요한 요인은 고용안정 및 적정보상, 차별 해소, 그리고 직장 내 인간관계를 들 수 있다.

2005년 우진교통이 자주관리기업으로 재탄생하면서 그간의 기간제 등 비정규직 직원들을 모두 정규직으로 전환하고 각종 차별을 폐지했다. 차별적 성과급의 일환인 연봉제도 폐지했다.

> 정비팀을 중심으로 사무관리직에 대한 연봉제, 전근대적인 임금 체계, 저임금, 단기 근로계약으로 인한 고용불안정 등의 불합리한 노동 착취제도 개선을 통해 자주관리기업에 대한 자부심 회복과 내부 단결, 생산성 향상을 도모할 수 있도록 하였다. 그리하여 당시 경영관리팀 총 32명에 대한 정규직화가 이루어졌다.[5]

나아가 2008년에 우진교통은 기존의 정년 62세를 65세까지 3년

---

5 조창권, 앞의 논문, p. 61.

연장했으며, 2014년에는 또다시 66세로 1년 더 연장했다. 이것은 보편적 사회복지 시스템이 결핍된 상태에서 노동시장을 떠나면 생계가 막막하게 되는 한국의 현실이 반영된 정책이다. 특히 오랜 파업 투쟁 등을 거치며 현재 모범 회사를 일궈온 '고참' 노동자들에 대한 '예우'이자 그간의 노고에 대한 '보상'이기도 하다.[6]

게다가 2016년에는 정년을 앞둔 직원 30명을 위해 해외여행을 실시했고, 2017년엔 현장직무자치 조별로 국내 여행을 실시했다. 자주관리위원회의 자체 결정에 따른 것이었다. 그 결정에 따라 정년퇴직 예정 구성원들은 해외여행에서 우선권을 갖는다.

> 자주관리위원회에서 구성원 모두에게 매 3년마다 해외여행을 보내주기로 했답니다. 제1차로 근무자 중에 나이가 제일 많은 유충남 어르신부터 1954년 12월생까지 총 28명이 5년 내 정년퇴직자인데 금년 10월 퇴직자까지 해서 2016년 9월에 중국 상해로 해외여행을 다녀왔습니다. 우리 반 이름과 구호는 '내일도 청춘이다!'이고 2차 팀은 '은빛 청춘에 날개를 달자!'입니다. 주위 모든 분들은 우진교통이 참 좋은 회사라고 많이들 부러워했습니다. 이번 여행을 통해 구성원 모두가 노동자자주관리기업의 공동체 문화를 뿌리내리는 데 조금이나마 기여했다는 보람을 느끼게 되었습니다. 모두 유종의 미를 거두

---

6 물론 이는 다른 각도에서 보면 완벽한 노동동일시이자 한국 사회에 만연한 일중독증의 한 측면으로 해석할 수도 있다. 강수돌, 《행복한 살림살이 경제학》(인물과사상사, 2017) 참조.

길 바랍니다.[7]

이렇게 우진의 구성원들은 그간 피와 땀과 눈물을 흘린 결과 작지만 알찬 복리혜택을 누리고 있다. 그렇다면 과연 우진의 구성원들은 자신의 직무만족도를 100점 만점에서 몇 점 정도로 판단하고 있을까?

"만일 직장 만족에 대해 100점 만점에 점수를 주라고 하면 저는 90점 정도 주고 싶어요. 상당히 만족한다는 얘기죠." (K씨 인터뷰, 2017년 10월)

"저는 만족도 점수를 준다면 약 80점 정도 될 거라 봅니다. 꽤 만족도가 높은 편이죠. 솔직히 입사 초기엔 한 6개월만 근무하려고 했지만, 막상 일을 해보니 괜찮다 싶어서 10년 이상 계속 근무하고 있는 거죠. 동료들 사이 관계나 직장 분위기가 다른 곳보다 훨씬 좋아요. 그래서 가능하면 정년까지 여기서 일하고 싶죠." (N씨 인터뷰, 2017년 10월)

"직장만족 관련해서 굳이 점수를 준다면 95점 정도랄까요? 100점은 아니고요. 불만이 없는 직장은 없으니까요. 아마 다른 사람들도 대체

---

7 이상일 승무원, 해외여행 후기, 〈우진교통〉 29호(2016년 가을).

로 90점 내지 95점이 되지 않을까 싶네요. 일반 회사에서는 시키는 일만 하고 월급을 받으면 그만이지만 우진에서는 노동자치를 하면서도 자주관리교실을 7개월 정도 참여하다 보니 '우리가 바로 회사의 주인'이라는 생각이 강하죠. 특히 2004년 파업 때 엄청 고생하며 힘들었던 기억이 있기 때문에 지금은 정말 행복하게 일하고 있죠. 그러다 보니 부인이나 애들도 모두 행복해하고 있어요."(J씨 인터뷰, 2017년 10월)

다음으로 우진교통의 구성원들이 그 삶에 얼마나 만족하는지는 몇몇 사례를 통해 간접적으로 측정할 수 있다.

며칠 전(2014년 6월)에 3만 원권 뮤지컬을 노동자들에게 보라고 권유했습니다. 회사에서 2만 원을 지원할 테니 개인이 1만 원을 부담해서 부부나 가족들끼리 보았으면 좋겠다고 말이죠. 그런데 깜짝 놀랐어요. 무려 100명의 노조원들이 뮤지컬을 봤습니다.[8]

"예전 회사에서는 시외 운행을 하다 보니 외박도 많고 시간이 나도 술 아니면 별로 할 것도 없고 그랬는데, 우진에 와서는 조금 늦게 끝나도 집에 돌아갈 수 있으니 편하기도 하고 시간이 나면 직장 동호회에서 여가활동도 할 수 있어 좋아요. 우진에는 동아리가 제법 활

---

8 유성호·김병기, "입진보들이여, 앉은 자리부터 바꾸자", 〈오마이뉴스〉, 2014. 7. 2.

발한데, 저는 야구를 하고 있어요. 30명 이상이 하고 있고, 청주시 토요리그에도 참여하죠." (K씨 인터뷰, 2017년 10월)

회사만 자주관리기업으로 바뀐 것이 아니라 노동문화 자체를 도박이나 중독으로부터 건전하고 건강한 방향으로 획기적으로 바꾸었다. 당연히 모든 조직 구성원들이 크게 만족하며 그 가족들 역시 만족하고 있다. 한 언론 인터뷰에서 김재수 대표는 이렇게 말했다.[9]

송년회 때 가족들이 오면 사진을 찍어서 액자를 만들어드렸습니다. 생일날에는 가족끼리 먹으라고 집에 케이크를 배달합니다. 또 퇴폐문화와 만날 수 있는 노동자들의 돈줄도 끊었습니다. 모든 수당, 거의 100만 원쯤 되는데요, 통장으로 넣어드렸습니다. 사모님들은 월급이 오른 것 같으니까 무척 좋아하십니다. 소위 '삥땅'을 쳐서 놀음을 하는 문화도 없어졌고, 술 문화도 건강해졌습니다. 가족들이 활용할 수 있도록 미니버스를 마련해 빌리는 비용의 절반 가격으로 지원하고 콘도도 구입했습니다. 가족문화가 살아나고 노동자들의 동호인 모임도 활발합니다.

운수업에는 노령 노동자들이 많습니다. 50세가 넘으면 순종을 하고 자기권리 찾는 데는 소홀해집니다. 우리가 (2005년) 출발할 때 평균

---

9 유성호·김병기, 같은 곳.

연령이 47.5세였어요. 70%가 초등학교 졸업자이고, 고등학교 졸업자는 찾기가 어려웠어요. 배운 게 없고 갈 데가 없어서 조수를 하면서 몽키스패너로 맞으면서 곁눈질로 운전을 배운 사람들이 많았어요. 삶의 행복과 기쁨은 없고 의심과 내 것에 대한 집착이 컸는데요, (이제는) 차츰 변하고 있습니다.

또 다른 인터뷰에서 우진교통 구성원들은 회사에 대한 상당한 자부심을 분명히 표현했다.

"종점이나 차고지에서 동료들이 만나면 다른 회사에서는 얘기가 뻔하거든요. 손님이 얼마나 많았냐, 차가 얼마나 막혔냐, 술 한잔 할까, 뭐 이런 식이죠. 그런데 우진에서는 동료들이 시간이 나면 회사의 사정이나 향후 발전 전망 같은 걸 더 많이 얘기하죠. 그러다 보니 동료들 건강도 좋아지고 생활만족도도 높은 편이죠." (K씨 인터뷰, 2017년 10월)

"저희는 술이나 놀음 같은 문화가 없어요. 대개 보면 건강에 관심이 많아 운동도 많이 하고 취미생활도 많이 하고 그래요. 예전에 비하면 정말 조직 분위기가 건강하게 변했죠." (P씨 인터뷰, 2017년 10월)

"고참 선배님들은 고생하며 파업한 끝에 회사를 지키고 살렸다는 자부심이 강하죠. 저희 같은 신참들은 이런 선배님들을 존중하면서도 가능한 한 회사 규정에 어긋나지 않는 범위에서 적절히 대우를 해드리려 하고 있어요. 정년 연장을 1년 더 하기로 한다든지 하다못해 차량 할당을 할 때도 벽지 노선으로 해서 스트레스를 좀 줄여드리거나 자동변속기 차량을 배치해서 운전하기 편하게 해드리기도 해요. 고참 선배들에 대한 배려죠." (C씨 인터뷰, 2017년 10월)

이런 식으로 버스 노동자들이 나이가 들어가면서도 진정한 삶의 행복과 기쁨을 찾는다는 것은 대단한 변화요, 괄목할 만한 성과가 아닐 수 없다. 판화가 이철수 선생도 우진교통이 일궈낸 패러다임 혁신에 대해 언론 인터뷰에서 이렇게 말했다.

사실 돈보다 중요한 것은 자기존엄이죠. 사람답게 판단하고 결정하면서 움직일 줄 아는 사람으로 성장하는 게 중요합니다. 봉급과 호칭의 문제가 아니라 대표와 직원 간에 차이가 없고 마음속 깊은 곳에서 서로에 대한 존엄성이 우러나온다면 그게 성공한 거죠.[10]

한편 우진교통 구성원들은 조직 내 효율이나 만족도 증진에 그치지 않고 사회적 연대를 생각한다. 그것은 앞서 '긍정적 집단기억'에서도 언급된 바, 171일 파업투쟁 당시 사회적 연대의 힘이 없이는 결코 자주관리기업으로 재탄생할 수 없었다는 역사적 · 실존적 근거

---

10 유성호 · 김병기, 같은 곳.

때문이다. 자주관리실 지희구 실장의 한 인터뷰 발언에서도 이를 확인할 수 있다.

> 저희 같은 경우에는 기업의 성과가 사회환원이 되어야 한다고 생각한다. 하지만 사람들이 내가 나눠야 한다는 생각은 해도 (막상) 돈의 문제로 들어가면 좀 인색하다. 그래서 지난해 회사 송년회 행사 대신 지역에 기부하는 나눔의 송년행사를 했다. 기업이 추구하는 가치 실현을 위해 한발 앞서는 기업문화의 창출을 통해서도 의식은 자극을 받으며 변화한다. 물론 무엇보다 우진교통은 안전과 친절 운행이 곧바로 사회적 역할이라고 본다. 이를 위해 전체 구성원 모두 열심히 교육하고 있다. 향후 운수업체로서 구현할 수 있는 사회적 역할의 다양한 콘텐츠가 선보이지 않을까 한다.[11]

---

11 지희구 자주관리실장의 발언, 김하영, "0.1% 자본주의를 대체할 99.9%의 협동경제", 〈프레시안〉, 2012. 2. 22.

노동능률의 향상

2004년 7월 이후 171일에 걸친 생존권 투쟁 끝에 2005년 1월 자주 관리기업으로 재탄생한 우진교통은 단기간에 놀라운 성과를 거두 었다. 불과 1년 만에 '경영정상화'의 길로 들어서고, 3년 만에 흑자경 영으로 돌아섰다. 260여 노동자의 자부심 자주관리기업 우진교통을 끝내 지켜내자는 집합적 의지의 소산이었다.

그리고 그 뒤로 13년이 지난 지금 그간 유예되었던 퇴직금충당금 설정 등 회계 및 재무구조도 정상화하는 중이다. 그 정도로 그간 병 들었던 조직을 건강한 조직으로 바로잡는 데는 오랜 시간과 자원이 투여되었다.

그러나 앞서 본 것처럼 여러 측면에서의 긍정적 결과에도 불구하 고 여전히 우진교통이 갈 길은 멀다. 그럼에도 자주관리의 주체로서 자기 정립을 해온 노동자들의 집단지혜야말로 향후 다가올 그 어떤 난관도 헤쳐 나갈 수 있는 저력으로 작용할 것이다.

우진교통은 새롭게 출발했지만 지역사회에서는 "노동자들이 뭘 하 겠느냐. 3개월이면 망할 것"이라고 수군거렸다고 한다. 그러나 우진 교통 직원들은 1년 후 보란 듯이 '경영정상화' 기자회견을 했다. 회 사가 망하면 안 된다는 절박함에 260여 명 직원들이 자기 돈까지 내

놓으면서 열심히 뛴 덕분이었다.[12]

이를 초창기 채무 내용과 그뒤 3년간 상환 내용으로 나눠 살피면 다음과 같다.

2005년 1월 10일 출범 당시 채무 내용

- 개인 어음채권: 2,250,000,000원
- 차량부품대: 254,000,000원
- 차량할부금: 1,142,000,000원
- 미지급 식대: 80,000,000원
- 4대 보험료 : 322,000,000원
- CNT 충전비: 83,000,000원
- 은행 대출금: 3,110,000,000원
- 파업 중 퇴직자 퇴직금 등: 550,000,000원
- 체불임금: 1,314,000,000원
- 퇴직금 중간정산 추계액: 5,050,000,000원
- 미지급 퇴직금: 506,000,000원

계: 14,661,000,000원(146.61억 원)

---

12 김하영, "'직원이자 사장', 우진교통의 도전과 성공", 〈프레시안〉, 2013. 11. 1.

부채상환 내역 (2005년 이후 2007년 말까지 3년간 66억 원을 상환함)

- 은행 대출금 상환: 1,530,000,000원
- 차량할부금 상환 : 1,142,000,000원
- 4대 보험 미납금 상환 : 322,000,000원
- 체불임금 상환 : 270,000,000원
- 미지급 퇴직금 상환 : 1,056,000,000원
- 미지급 식대 외 상환: 160,000,000원
- 개인 어음채권 상환: 1,910,000,000원

계: 6,640,000,000원(66.4억 원)

사고 감소와 비용 절약

2005년 출범 당시만 해도 사고율이 높은 편이어서 2006년 사고 보험료 납부액은 3억 원이었다. 2009년 사고 보험료 납부액은 그 두 배 이상으로 6.8억 원이었다.

그런데 투명경영의 시대를 지나 자주경영의 시대가 정착하면서 사고율도 상당히 낮아졌다. 이것은 간접적으로 사고 이후 보험사로 부터 받게 된 보험금(보상금)의 액수로 측정할 수 있는데, 2009년 1월 부터 12월까지 받은 보험금이 약 5.9억 원이었는데 비해 2010년에 는 총 보험금이 2.5억 원, 2011년엔 3.9억 원으로 상당히 떨어졌다.

이런 변화의 이면에는 직무자치의 일환으로 교통안전관리위원회(현장자치위원회)가 구성되어 승무원들 각자가 자신의 조별 활동을 통해 안전운행과 친절 서비스 및 사고율 감소를 위해 각고의 노력을 경주한 사실이 깃들어 있다.

실제로 2011년에 자치위원회 연석회의가 열렸는데, 여기에는 현장자치위원회, 정비직·사무관리직 현장자치모임의 조장, 총무, 부서장이 들어간다. 연 1회 이상 연석회의를 개최하기로 되어 있는데, 2011년 연석회의 자체 워크숍을 통해 2012년도 목표를 '공제조합 공제금 3억 원 이하 지급, 무정차 민원 없는 우진교통, 1일 CNG 사용량 전년대비 3% 절감'으로 결정했다. 이렇게 총체적으로 노력한 결과 사고율 감소와 비용 절감이라는 긍정적인 결과를 낳은 것이다. 현장직무자치의 성공적 결실이었다.

같은 맥락에서 앞서 언급한 대로 2011년 7월부터 자체 사고보험 기금인 '우진공제회'가 가동되었다. 그동안 해마다 수억 원의 보험료를 재벌 기업의 보험사에 납부하던 것을 그만두고, 그 혜택을 구성원에게 돌아갈 수 있도록 변화를 도모한 것이다. 이렇게 해서 회사는 우진공제회 운영을 통해 매년 1억 원 이상의 수익금을 확보할수 있었고, 2017년 현재 약 4억 원의 종자돈을 마련해 우진교통의 미래 발전을 위한 자원으로 쓸 수 있게 되었다.

이제 우진교통 구성원들에게 생산자협동조합은 현재의 자주관리 모델을 지속시킬 대안으로 부상한다. 사실 현재의 자주관리 형태조차 법적으로는 주식회사라는 틀을 갖고 있기에 불안한 측면이 있다. 즉 향후 주식 소유 관계가 어떻게 되는가에 따라 얼마든지 일반 기업처럼 변모할 위험이 존재하는 것이다. 그렇게 되면 2005년 이전으로 퇴행하는 것은 시간문제다. 따라서 현재의 자주관리 경영방식을 지속가능하게 할 수 있는 새로운 조직 형태로서 협동조합이 제시되어 구성원 내부에서 공감대를 확산하는 중이다.

2005년 이후 2017년까지의 주요 경영지표 변화

앞서 말한 각종 경영지표들을 일목요연하게 정리하면 〈표 9〉(234쪽)와 같다.

2018년 현재 우진교통의 자본금은 여전히 29억 원으로 현상 유지되고 있으나 2005년 당초 200억 원에 이르던 총 부채가 현재 160억 정도로 줄었음에도 (2015년 7월, 시장가격 약 38억 원에 이르는 제2 차고지 매입을 통한 자산 증가를 감안하더라도) 여전히 부채 부담은 큰 편이다. 그리고 각종 비용 요인 증가와 버스 이용 승객 감소 등 악조건을 생각할 때, 현재의 민영제에서 향후 준공영제로 변화하는 구조 변동 없이는 결코 재무적 경영 상황을 낙관적으로 보기는 어렵다.

이런 면에서 투명경영 및 자주관리라는 혁신적 경영방식을 도입했음에도 불구하고 현재 우진교통은 내부적으로는 주식회사 방식에서 협동조합 방식으로의 소유양식 변화, 그리고 외부적으로는 민영제에서 준공영제로의 경영양식 변화라는 양대 과제에 직면해 있다.

⟨표 9⟩ 노동자자주관리기업 우진교통(주) 경영지표 변화

(단위: 100만 원)

연도	매출액	일일 수익	차량 수	인원 수	당기순 이익	자본금	자산 총액
2003	13,063	304.5	116	289	-1,514	2,900	-706
2004	7,176	n.a.	117	253	-1,811	2,900	-2,518
2005	12,700	330	103	262	34	2,900	-2,484
2006	13,594	350	105	274	-1	2,900	-2,484
2007	14,157	365	105	271	-166	2,900	-2,649
2008	14,740	380	105	263	1,680	2,900	-981
2009	15,106	385	106	270	155	2,900	220
2010	15,596	400	106	267	16	2,900	616
2011	20,173	420	107	280	1	2,900	237
2012	21,605	399	108	284	2	2,900	380
2013	22,103	415	112	295	-246	2,900	-3,265
2014	25,130	440	113	298	1,500	2,900	-3,383
2015	25,580	412	117	307	1,300	2,900	-3,856
2016	24,902	396	117	317	128	2,900	-3,759
2017	23,903	384	117	317	-735	2,900	-4,562

* 출처: 우진교통(주) 각 년도 경영설명회 자료(자주관리실 제공).
* 2004년: 7월 24일부터 12월 31일까지 파업, 2005년: 1월 20일부터 자주관리기업으로 영업 재개.
* 일일 수익: 일일 대당 수익(천 원), 당기순이익 중 2014년, 2015년의 ( ) 내 액수는 순수 영업이익.

① 2008년 당기순이익 급증은 구성원 체불임금의 출자전환에 따른 주식 매매 이익임.
   : 2008년은 압류 사태가 있던 해임. 당시 마이비카드가 압류되어 회사 운영이 힘들어져 구성원들의 임금체불이 있었음. 미지급금인 임금체불금을 주식으로 출자전환하여 발생한 주식 매매 이익금으로 당기순이익이 급증함.
② 2013년 당기순이익 및 자기자본의 급격한 변화는 누적된 퇴직충당금을 전액 설정, 연차충당금 설정 등의 회계 조정에 따른 결과임.
   : 당사 외부 감사에서 퇴직충당금에 문제가 있음이 지적되었음. 22억 원가량으로 산정된 퇴직충당 금을 채우기 위해 전기 오류 수정분으로 약 18억 원을 추가 설정함. 연차수당 역시 충당금으로 설 정, 1억 5천 원가량을 추가 설정한 것임.

③2014, 2015년의 당기순손실은 퇴직충당금 등(누진제 적용, 주식대금 출자전환(제2퇴직금))의 회계 조정에 따른 결과임.
: 당사 외부 감사 결과 퇴직충당금에서 2006년 7월 31일까지 보전하기로 한 퇴직금 누진액이 빠진 것에 대해 보정한 금액 10억 원과 출자전환했던 미지급금의 회계 처리 정상화로 14억 원이 설정되면서 손실 발생으로 계상. 그렇지 않은 경우 10억 이상 순익.
④2016년 재무제표상 당기순이익은 1억 2800만 원이었고 영업권(3억 7500만 원)을 포함하면 5억 300만 원 당기순이익이 났으나 2016년 보조금 정산이 2017년도에 이루어지는 관계로 정산 결과 2016년 보조금이 과지급되어 4억 2300만 원이 상계됨. 따라서 순수하게 2016년 한 해만의 손익을 보면 약 0.8억의 당기순이익이 났다고 볼 수 있음.
: 2017년 매출액은 9억 9800만 원 감소(운송수입금 5억 3100만 원 감소, 국고보조금 4억 6700만 원 감소)함. 그 원인을 보면 절대 승객의 감소(학생)에 따라 2015년을 기점으로 2016년부터 2017년에 이르기까지 운송수입금이 감소했고, 운송수입금과 연동되어 승객이 감소하면 보조금도 감소하게 되는 구조로 결국 매출액 감소는 해마다 큰 폭으로 나타남. 따라서 2017년 당기순손실 7억 3500만 원이 발생함. 학생 감소로 인한 운송수입금의 감소는 전국적 현상으로 청주도 예외는 아니며, 이를 해소하기 위해 2018년 현재 청주 시내버스 업체는 준공영제 실시를 위해 협의 중임.

효율성 제고의 한계

앞에서 살펴본 대로 우진교통이 지난 13년 이상 상당한 성과를 내었음에도 그 경영혁신의 성공적 결과가 적어도 재무상황 측면에서는 결코 안심할 수준이 아님을 알 필요가 있다. 그것은 대내외적 요인이 결합했기 때문인데, 우선 대외적 요인으로는 자가용 승용차 사용의 증가로 인한 버스 여객 수의 현격한 감소 및 인구 감소, 그리고 동종 업계의 경쟁 격화 및 에너지 비용의 증가 등이 존재하며, 대내적 요인으로는 과거로부터 이어진 부채가 상당 규모로 존재하는 점과 더불어 공공성이 강한 버스 운영 사업이 (개별 사업체의 책임에 의존하는) 민영제에 내맡겨짐으로 인한 고질적 경영난이 존재한다.

이것은 자주관리와 같은 혁신적 경영방식을 도입해 효율성을 분명 향상시켰지만 그 효과를 단번에 상쇄해 버리고 마는 대내외적 요인을 적정 수준에서 개선할 필요를 말해 준다. 만일 그렇지 못하면

제아무리 자주관리 방식의 참여경영을 도입해도 지속적으로 긍정적인 경영성과를 내는 데는 한계가 있음을 시사한다. 김재수 대표 역시 이러한 경영 여건에 대해 심각성을 느끼며 상당한 우려를 나타냈다.

"사실 저희가 자주관리 경영을 잘하고 있다고 해도 현재 상황을 정직하게 말씀드리자면 거의 손익분기점 정도를 맞추고 있는 수준입니다. 다만 2014년에 압축천연가스(CNG) 가격이 하락하는 바람에 실질이득이 좀 올라간 면이 있었죠. 그래서 연간 약 10억 내지 15억 원 정도의 흑자경영을 했더랬죠. 그래서 일부 융자를 내어 (2015년 7월에) 제2 차고지까지 매입할 수 있었던 겁니다. 그런데 2017년부터는 다시 적자가 예상되고 있어요. 현재도 사실은 부채가 160억 원 수준이고요. 최초의 200억 정도에 비하면 그간 40억 이상 갚는 바람에 많이 줄었지만 여전히 부채는 상당히 큰 편이지요. 회사 경영이란 사람들끼리 행복감을 느끼는 것만으로는 되지 않고, 재무적으로도 월급이 밀리지 않고 지급될 수 있으면서 재투자도 적정하게 가능해야 정상적이라 할 수 있죠. 물론 악성부채는 이미 갚아서 문제는 없지만, 구성원들로부터의 차입금이랑 향후 퇴직금과 은행 융자금 등은 여전히 저희가 신경 써야 할 부채랍니다." (김재수 대표 인터뷰, 2017년 10월)

김 대표에 따르면, 이런 부채로부터 부담이 가벼워지기 위해서라도, 또 적자경영이 아니라 흑자경영이 지속되기 위해서라도, 시민의 발이라 할 대중교통 시스템을 준공영제로 전환할 필요성이 대두된다. 물론 완전한 공영제가 최선이겠지만 여러 현실 여건을 감안할 때 그것은 장기 목표이고, 중·단기적으로는 준공영제가 차선책이라고 할 수 있다.

버스 준공영제란 대중교통에 공 개념을 도입한 것으로, 지방자치단체가 버스 운행에서 나온 모든 수입을 일괄해 모은 다음 각 버스회사에 분배금 형식으로 지급하는 방식이다. 버스 운행은 각 버스회사가 맡되 의사결정이나 책임은 지자체가 지게 된다. 버스회사들의 안정적인 재정 확보를 통해 적자노선에 대한 감차 방지, 회사 경영조건 개선, 직원 처우 개선 등의 효과를 거둘 수 있다.

이 버스 준공영제는 2004년 7월 1일 서울특별시에서 최초로 시행되었으며, 2005년 7월 4일 대전광역시, 2006년 2월 19일 대구광역시, 12월 21일 광주광역시, 2007년 7월 16일 경상남도 마산시 등이 실시하였다(마산시는 2010년 말에 폐지함).

참고로, 버스 준공영제의 배경에는 노무현 정부의 대중교통 정책이 놓여 있다. 즉 당시 정부는 지하철을 중심으로 하는 대중교통 시설 투자 정책의 한계와 부작용을 인식하고 보다 다양한 대중교통의 활성화를 위해 2005년 1월 27일 '대중교통의 육성 및 이용 촉진에 관한 법률'을 제정했다. 대중교통 육성을 위한 중앙정부와 지방정부 간 역할을 재정립하고 향후 대중교통 활성화를 위한 공동 협력의 제도적 기반을 구축한 것이다. 그 뒤로 대전, 대구, 광주, 마산 등지에서 버스 준공영제가 실시되었다.

청주시의 경우는 아직 준공영제가 아니라 민영제 상태에서 지자체가 비용 보조금을 지급하는 상태다. 2014년 7월에 공식 출범한 (청주와 청원을 합한) 통합 청주시(인구 약 85만 명)는 2015년 3월 시내버스업계와 협약을 맺고 '청주형 준공영제' 도입을 천명한 바 있다. 그 이후 약 7개월에 걸쳐 토론과 협의를 거치며 '청주형 준공영제'를 위해 '표준운송원가'의 기본 틀과 내용의 초안인 '실적운송원가'까지 마련했으나 2017년 1월, 최종 합의 도출에 실패해 2018년 현재까지 청주형 준공영제는 미실시 상태다.

그런데 현재의 민영제로는 시내버스업계가 국가 및 지자체로부터 많은 보조금을 받음에도 불구하고 공공성을 실현하기는커녕 오히려 시민들에게 불신의 눈초리를 받을 수밖에 없는 실정이다. 즉 시내버스업계는 해마다 총 수백억 원의 공적보조금을 지원받으면서도 시민들에게 친절하고 안정적인 이동권 보장은 물론 버스 노동자들의 노동권 보호도 크게 개선하지 못했고, 시내버스업체의 경영 개선도 이루지 못했다. 이런 맥락에서 우진교통은 2011년경부터 준공영제 1차 제안서를 청주시 당국에 제출하는 등 시내버스 운영 체계상 그 최선책으로 공영제를, 차선책으로 준공영제를 주창해 왔다. 향후 준공영제 실시 여부는 한편으로 청주시 당국의 대중교통 정책 변화, 다른 편으로 시내버스 운송업계 및 그 노동자와 시민들의 요구 수준 등에 따라 결정될 것이다.

9

우진교통의 미래와 도전

미래성장위원회의 협동조합 선진지 유럽 연수(2014년).

지금까지 '산 넘어 산'을 이겨온 우진교통이지만 여전히 그 앞에는 만만치 않은 도전과 과제들이 기다리고 있다. 그리고 어쩌면 이것은 선례가 드문 상황에서 노동자자주관리기업이라는 새로운 길을 개척한 선구자로서 짊어져야 할 필연적인 숙제일지도 모른다. 사실 우진교통만이 아니라 모든 노동자협동조합과 노동자자주관리기업들은 대내외적 도전에 직면해 있다.

여기서는 '신뢰의 공동체'인 우진교통이 향후 지속가능한 발전을 이루기 위해 직면한 과제들을 살펴본다.[1]

---

[1] 박강태(2018) 및 전국실업단체연대, "사람을 변화시키고 고용을 안정시키는 노동자협동조합 사례: '우진교통'편"(2013). http:www.wjbus.co.kr/xe/index.php?document_srl=106042 참고.

정체성에 맞는 법인격 갖추기: 대안으로서의 협동조합

그동안 우리나라에서 회사 법인격은 주식회사와 같은 자본주의적 법인격밖에 없었다. 따라서 주주 중심이 아니라 당사자(생산자, 노동자, 소비자 등) 중심으로, 또 1인 1표 등 민주적·협동조합적 운영을 해왔던 기업들은 부득이 내용에 맞지 않는 법인격을 취득할 수밖에 없었다. 우진교통도 예외는 아니다. 그래서 늘 자신을 소개할 때 '협동조합형 노동자자주관리기업 주식회사'라는 복잡한 설명을 해야 했다.

다행히 2012년 12월 '협동조합기본법'이 발효되어 위와 같은 고민을 하던 조직들이 협동조합 기업이라는 법인격을 얻을 수 있게 되었다. 지금 우진교통(주)은 협동조합으로 전환하기 위해 현장조사 및 실행계획을 수립 중이다. 이런 맥락에서 상법상의 이사회의 내용을 지금의 자주관리위원회, 곧 직무자치 구조로 채울 계획이다.

정체성을 지속시킬 차기 지도부 육성

사실 우진교통이 오늘날까지 오는 데에는 회사 대표를 비롯해 경영
진의 역량이 결정적 역할을 했다. 부채 처리에 대한 경영적 판단과
성공, 투명경영과 직무자치의 과감한 실행, 구성원간 갈등 해소 등
은 경영진의 혁신적 지도력에 힘입은 바 크다.

문제는 향후 경영진이 교체되었을 때 이러한 실험들이 유지·발
전될 수 있는가다. 나아가 '고인 물은 썩는다'고 하듯 회사의 안정은
한편으로 정체와 퇴보의 갈림길이기도 하다. 이런 문제를 해결하기
위해서는 시스템화한 자치위원회 등 직무자치 구조의 안정화, 현장
자치모임의 활성화, 공동체적 기업문화의 촉진, 그리고 그것을 이끌
어갈 지도력 육성이 필수다.

우진교통 역시 이런 문제의식을 갖고 2009년부터 자주관리교실
을 통해 1년에 20명의 핵심 지도력을 육성하고자 노력해 왔다. 나아
가 2013년에는 '우진교통 미래성장위원회'를 가동해 소유구조부터
다른 사업 진출까지 회사를 총 점검해 나가고 있다.

효율적 경영 & 민주적 운영

경영의 효율성과 운영의 민주성 사이의 갈등은 모든 자주관리 내지 협동조합 기업이 안고 있는 숙제다. 우진교통에서는 자주관리위원회가 이러한 갈등을 해소하기 위한 핵심 단위다. 현장에서 선출되는 자주관리위원은 경영관리팀(사무관리직)보다 경영의 전문성이 떨어질 수 있지만 현장 경험에서 우러나온 논의와 결정은 현재까지 효과를 보이고 있는 것으로 평가된다. 하지만 모두가 조합원이고 현장 승무직에게 많은 권한을 준다고 해도 사무관리직 고유의 업무에서 나오는 (업무지시로 인한) '사용자성'은 항상 갈등을 일으킬 소지가 있고, 경영 환경의 변화는 '단시간 내 신속한 경영적 판단'을 요구할 때가 있다. 회사의 규모가 커질수록 버스업계를 둘러싼 환경이 급속하게 바뀌는 시점에는 특히 이런 문제가 불거질 수 있다.

물론 버스업계는 업계 자체의 특성으로 인해 다른 제조업들처럼 갈등의 소지가 크지 않은 편이다. 그것은 거의 고정적인 노선과 고객, 특별한 기술 개발이나 자본 축적에 의해 급속히 환경이 바뀌지는 않는다는 점, 버스 준공영제 도입이 경영의 기본 토대를 마련해준다는 점 때문이다. 이런 면에서 준공영제 도입은 자주관리 모델의 지속을 위한 결정적 변수가 될 것이다.

구성원간 가치관 차이 극복과 공동체 정신 함양

본문에 나온 인터뷰들에서도 확인할 수 있듯 신입 구성원들과 초기 구성원들 사이에는 미세한 가치관 또는 입장 차이가 존재한다. 초기 구성원들은 생존권 투쟁부터 자주관리 조직 수호 투쟁, 일터 수호 투쟁 등 다양한 내외적 투쟁 속에서 우진교통이라는 공동 일터를 일궈왔다. 반면 세월이 갈수록 신입 구성원들은 비록 신입사원 교육 때 우진교통의 역사와 투쟁을 공유하기는 하지만, 초기 구성원들에 비해 투쟁으로 확보하고 지켜낸 일터 공동체라는 의식이 약한 경향이 있다.

한편 초기 구성원들은 바로 그러한 처절한 투쟁의 역사를 가슴속에 간직하고 있기에, 한편으로는 신입 구성원들이 선배 노동자들의 투쟁을 잘 알아주지 못한다는 일종의 피해의식이나 억울함을 느낄 수 있으며, 다른 편으로는 개인 권리를 찾거나 누리고자 하는 신입 구성원들에 대해 이기적이라고 비난할 가능성도 있다.

이런 미세한 갈등이나 균열이 지속적으로 반복되면 마침내 틈새가 크게 벌어져 조직의 미래는 위험해질 수 있다. 따라서 선배 노동자들은 후배 노동자들에게 보다 자상하고 친절한 모습으로 우진교통의 역사와 정신을 공유하기 위해 노력해야 하며, 후배 노동자들은 선배 노동자들의 피와 땀과 눈물을 기억하고 존중하도록 노력해야 한다. 이런 노력을 통해 다양한 구성원 사이에 생길 수 있는 '공감 격차'를 줄이는 일은 '신뢰의 공동체'인 우진교통의 조직응집성과 지속가능성을 높이는 데 대단히 결정적이라 본다.

고질적 장애물, 부채상환 문제

우진교통은 여전히 약 160억 원의 부채를 안고 있다. 물론 살아 있는 경영체란 아무 부채 없이 순수한 자본금만으로 운영되기 어렵다. 하지만 우진교통의 규모나 잠재력에 비해 160억 원 규모의 부채는 상당히 부담스럽다. 그래서 여전히 약 35억 이상의 자본잠식 상태라 자칫 경영 위기에 내몰릴 위험도 있다. 물론 무려 117대에 이르는 버스와 특히 제2 차고지는 회사의 핵심 자산이다. 그간 300여 구성원들에 대해 임금 체불 없이 평균연봉 4500만 원을 꾸준히 지급해 온 행복하고 안정된 일터도 이루었다. 월급을 잘 주면서도 재투자를 착실히 해왔다. 하지만 여전히 막대한 부채가 큰 부담으로 작용하는 상황이다. 게다가 고객 감소나 연료비 상승 등 여건도 그리 좋지는 않다.

엄격히 말하면 현재 우진교통의 고질적 부채는 2005년 출범한 자주관리기업 우진교통이 스스로 만들어낸 것은 아니다. 이미 그 이전부터 존재해 온 것이기 때문이다. 게다가 대중교통이라는 공공성을 담보하는 공적 사업을 수행하는 업체로서 비록 민간 기업이지만 모든 경제적 책임을 개별 차원에서 감당하기는 어렵다. 중앙정부 및 시·도 당국 역시 이런 점을 잘 알기에 운영상의 적자 보전을 위해 6개 시내버스회사에 총 300억 원 이상의 보조금을 지급하고 있다. 물론 그 보조금은 시민들이 낸 세금이다. 결국 시민들이 낸 세금의 도움을 받으며 버스회사와 직원들이 합심해 대중교통이라는 시민의 발 역할을 수행하고 있는 셈이다.

이러한 '교통 공공성'을 더욱 적극적으로 인정하여 개별 민간 기업이 적정 수익을 낼 수 있도록, 그래서 직원도 늘리고 지역사회에도 더 많은 기여를 할 수 있도록 준공영제 내지 완전공영제 방식을 조속히 도입하는 것이 바람직하지 않을까 생각한다. 두말할 필요도 없이 이러한 준공영제 내지 완전공영제 도입을 위한 전제조건은, 개별 기업은 물론 전 사회적 차원에서의 부정부패 타파와 투명경영의 실천일 것이다.

효율성과 인간성, 그리고 생태성의 조화

지금까지 우진교통은 자주관리 경영방식을 도입해 효율성과 인간성을 조화시켜 왔고, 나아가 회사 주변에 나무를 심거나 연료비 절약을 위한 에코운전 등 소소한 '친환경' 실천을 해왔다. 그러나 앞으로는 생태성 실현에 더욱 노력을 기울일 필요가 있다.

버스회사는 기본 에너지원으로 석유나 가스 등 화석연료를 쓰고 있기 때문에 이산화탄소를 대량 배출한다. 이산화탄소는 잘 알려진 대로 지구온난화의 주범 중 하나다. 따라서 장기적으로는 더 이상 화석연료가 만들어내는 오염물질의 피해를 입지 않도록, 그러한 것들로부터 자유로워질 수 있도록 새로운 에너지원에 관심을 가져야 한다. 나아가 개별 기업 차원에서의 노력은 물론 이것이 사회적으로 구현될 수 있도록 정책 제안과 요구 운동을 지속해 나가야 한다.

게다가 모든 자동차가 그러하듯 달리는 자동차에서 나오는 매연과 미세한 타이어 가루가 공기는 물론 우리의 폐까지 오염시킨다. 심지어 암과 같은 큰 병을 유발하기도 한다. 경유 차량은 휘발유에 비해 더 나쁘다. 이런 부분을 최소화할 수 있는 방안(예, 자연재생에너지원 사용)에 대해서도 관심을 기울일 필요가 있다.

또 차고지 주변에는 늘 플라스틱이나 기름 같은 것이 눈에 띈다. 자판기에서 나오는 일회용 컵들도 종종 이리저리 뒹군다. 일회용 컵

대신 조금 불편하더라도 머그잔이나 스테인리스 잔을 휴대하고, 플라스틱이나 기름 같은 것이 함부로 내버려지지 않도록 집단적 노력을 경주해야 한다.

지금까지 해오던 에코 드라이브(적정 속도와 올바른 운전태도를 통해 연료 사용량을 절감하는 기술) 운동 역시 더 체계적으로 실천함은 물론 나무와 숲 가꾸기 운동을 회사 차원을 넘어 범사회적으로 벌여나갈 필요도 있다.

궁극적인 노동가치 실현과 자유로운 삶

아무리 노동자자주관리기업이라고 해도 여전히 '노동사회'[2]라는 패러다임을 벗어나기는 어렵다. 인간은 삶을 위해 누구나 노동을 해야하지만 그 노동이 늘 삶의 즐거움이나 보람과 결합될 수 있는가 하는 문제, 즉 진정으로 자유로운 삶은 어떻게 가능한가 하는 문제는 보다 심층적인 논의를 필요로 한다.

실제로 수많은 사상가와 학자들[예, 폴 라파르그(Paul Lafargue), 버트런드 러셀(Bertrand Russell), 앙드레 고르(André Gorz), 스콧 니어링(Scott Nearing) 등]은 이미 100여 년 전부터 하루 3-4시간의 생계노동 외에는 진정으로 자유로운 활동을 해야 한다고 주장해 왔다. 그러나 엄청난 기술 발전에도 불구하고, 아니 급속한 기술 발전과 더불어 인간은 오히려 더 노동에 종속되고 심지어 일중독 상태에 빠지기도 한다. 앞서 언급한 대로, 고령 노동자들에게도 일자리를 준다는 윤리적 측면은 훌륭하지만 고령 노동자가 일(노동) 외에는 삶을 여유롭게 즐길 수 없다는 것이 일중독의 한 측면이란 점에서 심각한 사회적 문제일 수 있다. 이것은 아무래도 전 사회적 구조 변동과 태도 변화

---

2 노동사회(work society)란 노동이 개인 정체성 형성의 핵심이 되고 전 사회적으로도 모든 삶의 과정이 노동 중심으로 돌아가는 사회다(하이데, 2000, 2018).

없이는 고치기 어렵다.

　이런 의미에서 우진교통을 비롯한 노동자 자주관리 경영을 실천하고 있는 모든 노동자들, 나아가 오늘도 과로와 일중독, 산업재해의 위험 속에서 하루하루 힘겹게 지내고 있는 모든 시민과 노동자들이 진정으로 '노동사회'를 극복하고 그 본연의 의미에서의 '자유로운 삶'이 어떻게 가능한지 꾸준히 논의해 나갈 필요가 있다.

이 책은 길게는 2001년 이후, 짧게는 2005년 이후 2017년까지의 우진교통(주)에 관한 기록이다. 그냥 무미건조한 기록이 아니라 자주관리기업이라는 새로운 경영 패러다임을 만들어나가는 300여 우진교통 노동자와 경영진의 피와 땀과 눈물이 얼룩진 기록이다. 나는 이러한 우진교통을 감히 '신뢰의 공동체'(community of trust)라 부르고 싶다. 생각건대 인간관계나 조직관계에서 신뢰는 정직성, 일관성, 배려심이 지속적으로 (재)확인되면서 점진적으로 생겨난다.

오늘날 우진교통은 거듭된 역경 속에서도 노동의 가치와 혁신적 리더십을 기반으로 투명경영과 자주관리라는 경영의 새로운 패러다임을 초지일관 실천하고 있다. 그 과정에서 300여 구성원들은 상호 배려와 소통을 통해 단순한 동료가 아니라 동지가 되었다. '신뢰의 공동체'가 탄생한 배경이다.

《회사 가면 죽는다》(현실문화연구, 1995)라는 책이 있다. 처음에는 '엉뚱한' 제목이라고 생각했는데 갈수록 맞는 말이라는 생각이 들었다. 산업재해로 1년에 수천 명이 죽어가는 현실이나 직장인의 70퍼센트 이상이 스트레스나 과로로 힘들다고 호소하는 현실, 나아가 하루에 30명 이상 자살하는 한국의 현실이 이런 책을 낳게 했다고 생각한다.

그런데 그 와중에도 우진교통의 획기적 실험과 실천은 '회사 가도 죽지 않는다!' 또는 '회사 가면 행복하다!'라는 느낌을 줄 듯하다. '사람의 소중함'을 아는 회사이기 때문이다. 물론 우진교통의 현실과 미래는 결코 장밋빛 환상으로 뒤덮여 있지 않다. '산 넘어 산'이란 말처럼 위기와 도전은 끊임없이 다가온다. 그러나 그때마다 김재수 대표로 상징되는 혁신적 리더십과 노동의 가치를 공유하고 내재적 동기로 뭉친 전체 구성원들이 단결해 그 모든 도전을 힘겹게나마 이겨냈다. 물론 그 내부에는 미세한 결의 차이가 존재한다. 그러나 함께 지켜내고 살려냈다는 '긍정적 집단기억'이 살아 있는 한 우진교통의 혁신적 실험은 계속될 것이다.

우진교통의 실험은 결코 청주 지역에 국한된 것만은 아니다. 노동자 자주관리라는 새로운 경영방식은 자본주의나 사회주의를 막론하고 노동하는 사람들이 주체가 되는 새로운 경영 패러다임을 보여준다. 더 이상 'OO주의'라는 이념의 잣대가 아니라 '일하는 사람들의 행복'을 잣대로 세상을 바라보면 좋겠다. 이런 면에서 로컬이

글로벌로 통한다고 할 수 있다.

그리고 이미 세계 곳곳에서, 그리고 전국 곳곳에서 우진교통과 같은 자주관리 경영은 부단히 실험·실천되고 있다. 이러한 미시적 시도들이 향후 더욱 번창하고 동시에 거시적인 사회경제 구조 역시 분권화, 자율화, 네트워크화로 변화한다면 노동자의 희망은 더욱 커질 것이다. 아니, 그런 변화들이 전면화할수록 세상은 긍정적으로 변하리라 확신한다.

현재의 우진교통 구성원들은 자주성과 신뢰성, 공동체성이라는 기본 정신 위에 즐겁고 보람 있고 행복한 일터를 만들고자 하는 의지로 굳게 단결되어 있다. '신뢰의 공동체'이기 때문이다. 이는 오랜 투쟁과 힘겨운 성취 끝에 나오는 '긍정적 집단기억'의 힘이다. 따라서 우진의 300여 구성원들은 이 '우리 회사'라는 공동체 의식과 주체적 의지를 바탕으로 현재의 자주관리 시스템을 협동조합 방식으로 충실히 발전시켜 나가면서도 향후 닥쳐올 온갖 위험 요인들을 무난히 극복해 나갈 것이다.

물론 여전히 일부 구성원들은 자주관리 시스템에 대한 확신이 약하기도 하고, 나아가 새로운 구성원들이 들어오면서 기존의 자주관리 공동체에 갈수록 미세한 균열이 생길 수도 있다. 이런 면에서 우진교통의 자주관리 시스템은 결코 안정적이고 고정적인 실체가 아니라 지속적·역동적으로 변화하는 과정에 있는 운동체다.

따라서 300여 우진교통 구성원들은 물론 우진교통의 발전과 성공, 나아가 우진교통식 자주관리 경영의 사회적 확산을 열망하는 노동자와 일반 시민, 그리고 연구자들이 음으로 양으로 힘을 합쳐 이 운동체를 더욱 건실하게 향상시킬 필요가 있다. 이런 맥락에서 이 책이 더 많은 지지와 관심, 연대를 위한 디딤돌이 되기를 소망한다.

아울러 청주의 우진교통을 비롯해 대구의 달구벌버스, 진주의 시민버스나 삼성교통 등 노동자자주관리기업들이 유기적 네트워크를 형성해 서로 학습하고 상호 지지하는 가운데 나날이 발전함으로써 한국 기업 경영의 패러다임을 혁신하길 빈다.

지난 십 수 년간 우진교통 구성원들이 피와 땀과 눈물로 일궈낸 오늘의 우진교통에 대해 나는 비교적 편안한 여건에서 자료를 검토 · 정리하고 구성원 인터뷰까지 수행해 이 책을 집필할 수 있었다. 부끄러움과 동시에 고마움이 앞선다. 그러면서도 어딘지 모르게 마음의 빚을 조금 갚은 느낌이다.

다시 한 번 우진교통의 전 구성원들에게, 김재수 대표님과 김정기 교수님, 지희구 자주관리실장께, 그리고 우진교통의 오늘이 있기까지 그 곁에서 마음으로 지지한 모든 분들께 감사드린다. 특히 지희구 실장님은 늘 바쁜 와중에도 책 집필 과정에 긴요한 자료들을 때마다 신속히 챙겨주셨다. 그것은 집필자에 대한 연대의 마음이기도 했겠지만, 동시에 우진교통의 전 구성원들을 아끼는 마음과 우진이라는 행복 일터에 대한 애정의 표현이라 생각한다. 노동자의 희망, 노동자자주관리기업 우진교통, 계속 힘차게 달려 나가자!

강수돌, 《행복한 살림살이 경제학》(인물과사상사, 2017).

권혁상, "'꿈을 만들어가는' 우진교통", 〈충북인뉴스〉, 2009. 7. 1.

김경민·배준희, "美 '현금인출기' 전락한 한국GM 한국 자동차 산업 새판 짜야할 때", 〈매경이코노미〉, 2018. 3. 2.

김기섭, 《깨어나라 협동조합: 더 좋은 세상을 만드는 정직한 노력》(들녘, 2012).

김남균, "1년 안에 망할 뻔한 버스회사, 어떻게 '연구 대상' 됐나", 〈오마이뉴스〉, 2017. 8. 4.

김상봉, 《기업은 누구의 것인가》(아카넷, 2012).

김수행·신정완, 《자본주의 이후의 새로운 사회》(서울대학교출판문화원, 2013).

김은남·나권일, "부도기업 인수하는 노동자들", 〈시사저널〉, 1998. 7. 30.

김정기, "파랑새의 꿈, 전봉준의 국가 체제 구상", 〈녹색평론〉 제139호, 2014년 11-12월.

김정우, "경영참여가 사업체의 경제적 성과에 미치는 영향에 관한 패널 분석", 〈산업노동연구〉, 24(1) (2018), pp. 261-295.

김하영, "'직원이자 사장,' 우진교통의 도전과 성공", 〈프레시안〉, 2013. 11. 1.

김하영, "0.1% 자본주의를 대체할 99.9%의 협동경제", 〈프레시안〉, 2012. 2. 22.

김현대·하종란·차형석, 《협동조합, 참 좋다: 세계 99%를 위한 기업을 배우다》 (푸른지식, 2012).

김활신·장승권, "조직학습 관점에서 바라본 노동자소유기업의 조직변화: 우진교통 사례," 〈한국협동조합연구〉, 33(3) (2015), pp. 33-61.

라투슈, S., 《탈성장 사회: 소비사회로부터의 탈출》, 양상모 역(오래된 생각, 2014).

류근홍, "청주 시내버스준공영제 시급하다", 〈중부매일〉, 2017. 11. 1.

메싱, K., 《보이지 않는 고통》, 김인아 외 역(동녘, 2017).

문희철, "한국 자동차산업 무너지면 고용시장 직격탄 온다", 〈중앙일보〉, 2018. 2. 2.

박강태, "한국 노동자협동조합운동의 현황과 과제", 일하는사람들의협동조합(워커쿱) 연합회, 〈협동담론〉, 2018. 3. 22.

박재찬, "자동차 등록대수 2253만대… 2.3명당 1대", 〈한국보험신문〉, 2018. 1. 21.

박재천, "청주 시내버스 준공영제 이르면 내년 시행", 〈연합뉴스〉, 2015. 2. 22.

배경진·안드레아 슈니처·알렉스 힐·황정은, "노동자 주인이 되다: 우진교통 사례를 중심으로", 국제전략센터(서울, 2018).

백일, "한국형 자주관리기업 발전방안 연구", 〈마르크스주의 연구〉, 5(3) (2008), pp. 145-176.

성상영, "청주 시내버스 우진교통의 불온한 실험", 〈참여와혁신〉 159호, 2017. 9. 6.

안호천 외, "글로벌 기업, 그들은 한국에 무엇인가: 모두가 사는 공정 생태계 만들어야", 〈전자신문〉, 2018. 1. 9.

연합뉴스, "승용차 주수요층 바뀐다, 30대 신차 구매 '뚝'", 〈연합뉴스〉, 2017. 9. 14.

연합뉴스, "청주 시내버스 준공영제 상시 논의구조 만들자", 〈연합뉴스〉, 2018. 3. 7.

염갑수, 〈우진교통 171일 투쟁일지〉, 비공식 문건(2013).

우진교통, "2018년 청주시 대중교통 활성화를 위한 제안서", 청주: 협동조합형 노동자자주관리기업 우진교통(주)(2018).

유성호·김병기, "사장님, 월급은 얼마지요?", 〈오마이뉴스〉, 2014. 7. 2.

윤형근, 《협동조합의 오래된 미래 선구자들》(그물코, 2013).

이보미, "조선 이어 자동차도 '고용한파'…한국GM 구조조정으로 악화일로", 〈파이낸셜뉴스〉, 2018. 3. 11.

이진경·박소용, "한국 가계 빚 부담 증가속도 '세계 최고'", 〈세계일보〉, 2018. 3. 18.

이한듬, "호갱민국, 잘 빼먹고 갑니다", 〈머니S〉 530호, 2018. 3. 7.

장원봉, "노동자자주관리기업 (주)우진교통의 협동조합전환에 관한 연구", 사회투자지원재단, 2013. 1.

장원봉, "우리가 니들이 경영하는 것보다 낫겠다", in 김하영, "'직원이자 사장' 우진교통의 도전과 성공", 〈프레시안〉, 2013. 11. 1.

전국실업단체연대, "사람을 변화시키고 고용을 안정시키는 노동자협동조합 사례: 우진교통 편"(2013).

정우달, "대구 광남자동차 시내버스에는 뭔가 특별한 것이 있다", 〈매일노동뉴스〉, 2017. 12. 21.

정의길, "'자동차 본고장' 독일서 '디젤차 도시 운행 제한' 판결", 〈한겨레〉, 2018. 2. 28.

조규준, "경영참여가 구성원들의 지식공유의도와 이직의도에 미치는 영향", 고려대 기업경영학과 석사논문(2017).

조규준·강수돌, "경영참여가 구성원들의 지식공유 및 이직의도에 미치는 영향: 조직공정성의 매개효과", 〈산업관계연구〉, 27(4) (2017), pp. 1-28.

조규호, "사회적 경제조직 창업 이후의 리더십 변화에 관한 연구: 노동자자주관리기업 우진교통(주) 사례 중심으로", 〈한국창업학회지〉, 10(4) (2015), pp. 146-175.

조규호, "협동조합형 기업 성과에 영향을 미치는 내부 마케팅 구성 요소에 관한 탐색적 연구: (주)우진교통 사례 중심으로", 〈마케팅관리연구〉, 19(4) (2014), pp. 99-122.

조동진, "양심불량 외국계 기업, 한국 자본 빼돌리기", 〈주간조선〉 제2457호, 2017. 5. 15.

조우현, 《세계의 노동자 경영참여》(창작과비평사, 1995).

조우현, "노동자 경영참여와 기업 노사관계 차원의 경제민주화", 〈연세경영연구〉,

32(2) (1996), pp. 9-74.

조창권, "근로자 자주관리기업에 관한 연구", 경상대 경영학과 석사 논문(2013).

주영민, "노동자 자주관리기업의 의의와 국내 사례 연구: 우진교통을 중심으로", 충북대 사회학과 석사 논문(2008).

지희구, "협동조합형 노동자자주관리기업 우진교통 이야기" 1-5회, 평등사회교육원 강의자료(2013).

지희구, "음식은 변함없는 정성과 부지런한 손길에서 맛이 납니다", 〈우진교통〉 제7호, 2010년 여름.

충북인뉴스, "1년 안에 망할 뻔한 버스회사, 어떻게 '연구 대상' 됐나", 〈오마이뉴스〉, 2017. 8. 4.

충북인뉴스, "청주시, 시내버스 · 문암생태공원 · 오창호수공원 등 무료 와이파이 존 확대", 〈충북인뉴스〉, 2018. 2. 19.

하이데, 홀거, "포퓰리즘의 시대, 어떻게 볼 것인가", 〈녹색평론〉 159호(2018년 3-4월), pp. 132-139.

하이데, 홀거, 《노동사회에서 벗어나기》, 강수돌 외 역(박종철출판사, 2000).

한인섭, "진단/우진교통 가압류 사태 (상)", 〈충청타임즈〉, 2008. 5. 26.

한인섭, "진단/우진교통 가압류 사태 (하)", 〈충청타임즈〉, 2008. 5. 27.

허석렬, "노동자 통제 운동의 두 경로: 아르헨티나와 베네수엘라", 〈참세상〉, 2014. 12. 30.; 허석렬, "아르헨티나의 기업 회복 운동과 노동자 통제", 〈사회과학연구〉 29(1) (2012), pp. 267-289.

호르바트, B., 《자주관리제도》, 강신준 역(풀빛, 1984).

화이트, 윌리엄 F. · 화이트, 캐서링 K., 《몬드라곤에서 배우자: 해고 없는 기업이 만든 세상》, 김성오 역(역사비평사, 2012).

Alchian, A., and H. Demsetz, "Production, Information Costs, and Economic Organization", *American Economic Review*, 62(5) (1972), pp. 777-795.

Burns, James MacGregor, *Leadership* (New York: Harper & Row, 1978).

Grossman, S., and O. Hart., "The Costs and Benefits of Ownership: A Theory of Vertical and Lateral Integration," *Journal of Political Economy*, 94(4) (1986), pp. 691-719.

Cooley, Mike, *Architect or Bee?: The Human Price of Technology*, New and extended ed. with a new introduction by Anthony Barnett (London: Hogarth, 1987).

Deci, E. L., *Intrinsic motivation* (New York: Plenum Press, 1975).

Deci, E. L., Koestner, R., Ryan, R. M., "A meta-analytic review of experiments examining the effects of extrinsic rewards on intrinsic motivation", *Psychological Bulletin*, 125(6) (1999), pp. 627-668.

Deci, E. L, Koestner, R., Ryan, R. M, Cameron, J., "Extrinsic rewards and intrinsic motivation in education: Reconsidered once again: Comment/Reply", *Review of Educational Research*, 71(1) (2001), pp. 1-51.

Halbwachs, Maurice, *On collective memory* (Chicago: The University of Chicago Press, 1992).

Ji, Minsun, "Revolution or Reform? Union-Worker Cooperative Relations in the United States and Korea", *Labor Studies Journal*, 41(4) (2016), pp. 355-376.

Jochmann-Döll, Andrea, and Wächter, Hartmut, "Democracy at Work-Revisited," *Management Revue*, 19(4) (2008), pp. 274-290.

Milgrom, P., and J. Roberts, "The Economics of Modern Manufacturing: Technology, Strategy and Organization", *American Economic Review 80* (June 1990), pp. 511-528.

Milgrom, P., and J. Roberts, *Economics, Organization & Management* (Englewood

Cliffs, NJ: Prentice Hall, 1992).

Müller-Jentsch, Walter, "Formation, development and current state of industrial democracy in Germany", *Transfer*, 22(1) (2016), pp. 45-62.

Ozarow, Daniel, & Richard Croucher, "Workers' Self-management, Recovered Companies and the Sociology of Work", *Sociology*, 48(5) (2014), pp. 989-1006.

Pencavel, John, *Worker Participation: Lessons from the Worker Co-ops of the Pacific Northwest* (New York: Russell Sage, 2001).

Rothschild-Whitt, Joyce, and Whitt, J. Allen, "Worker-owners as an Emergent Class: Effects of Cooperative Work on Job Satisfaction, Alienation and Stress," *Economic and Industrial Democracy*, 7(3) (1986), pp. 297-317.

Rothschild-Whitt, Joyce, "There's More than One Way to Run a Democratic Enterprise: Self-Management from the Netherlands," *Sociology of Work and Occupations*, 8(2) (1981), pp. 201-223.

Sandkull, Bengt, "Managing the Democratization Process in Work Cooperatives," *Economic and Industrial Democracy*, 5(3) (1984), pp. 359-389.

Weisskopf, Thomas, "Toward a Socialism for Future, in the Wake of the Demise of the Socialism of the Past," *Review of Radical Political Economics*, 24(3 · 4) (1992), pp. 1-28.

부록

우진교통 자주관리위원회 정관

각종 직무자치위원회 운영규정

개정 직무자치규정

우진교통 자주관리위원회 정관

전문

본 정관은 노동자자주관리기업 정신에 입각하여 전체 구성원이 노동자로서 동등한 권리와 의무를 부여받으며 투명하고 민주집중적인 운영을 통하여 노동의 가치 실현이 이루어지는 기업을 정립함은 물론 공익업체로서의 사회적 책임을 다하여 행복한 기업으로 도약하는데 그 목적이 있다.

제1장 총칙

제1조(상호) 당 회사는 노동자자주관리기업 "우진교통주식회사"라고 한다.

제2조(목적) 당 회사는 다음 사업을 경영함을 목적으로 한다. ①버스여객자동차운송사업, ②자동차 정비 사업, ③차량연료취급소 및 판매사업, ④기타 사업, ⑤각호에 부대하는 사업 일체.

제3조(적용 범위) 우진교통에서 모든 구성원은 균등한 권리와 의무를 가지며, 본 정관과 제 규정 및 규칙 등의 적용을 받는다. 단, 본 정관에서 별도 정한 바에 따라 제한될 수 있다.

제4조(용어의 정의) 본 정관에서 '구성원'이라 함은 지위와 부서를 막론하고 회사에 적을 두고 있는 모든 자를 말한다. 단, 수습사원, 단시간 노동자, 기타 사원의 경우는 예외로 한다.

제5조(본점의 소재지) 당 회사의 본사는 청주시내에 둔다.

제6조(공고 방법) 당 회사의 공고는 청주시내에서 발행하는 일간 〈충청타임즈〉에 게재한다.

제2장 주식

제7조(회사가 발행할 주식의 총수) 당 회사가 발행할 주식의 총수는 800,000주로 한다.

제8조(1주의 금액) 당 회사가 발행하는 주식壹주의 금액은 금 10,000

원으로 한다.

제9조(회사의 설립 시에 발행하는 주식 총수) 당 회사는 설립 시에 30,000 주의 주식을 발행하기로 한다.

제10조(주식의 종류) 당 회사의 주식은 보통주식으로서 전부 기명식으로 한다.

제11조(주권 불소지) 당 회사는 주권 불소지제도를 채택한다.

제12조(주금납입의 지체) 주금 납입을 지체한 주주는 납입기일 다음날부터 납입이 끝날 때까지 지체주금 百원에 대하여 일변 拾전의 비율로서 과태금을 회사에 지급하고 또 이로 인하여 손해가 생겼을 때는 그 손해를 배상하여야 한다.

제13조(주식 양도·양수) ①당 회사의 주식을 양도함에는 이사회의 승인을 얻어야 한다. ②주식의 양도·양수는 주식 매매(양수·양도) 계약서에 의해 그 권리를 이전하고 주식의 수를 표시한다.

제14조(명의 개서) ①당 회사의 주식에 관하여 명의 개서를 청구함에 있어서는 당 회사에서 정하는 청구서에 기명날인 또는 서명하고 이에 주권을 첨부하여 제출하여야 한다. ②양도 이외의 사유로 인하여 주식을 취득한 경우에는 당 회사의 청구에 의하여 제1항의 청구서 이외에 그 사유를 증명하는 서면과 주권을 제출하여야 한다.

제15조(질권의 등록 및 신탁재산의 표시) 당 회사의 주식에 관하여 질권의 등록 또는 신탁재산의 표시를 청구함에 있어서는 당 회사가 정하는 청구서에 당사자가 기명날인 또는 서명하고 이에 주권을 첨부하여 제출하여야 한다. 그 등록 또는 표시의 말소를 청구함에 있어서도

같다.

제16조(주권의 재발행 및 확인) ①주식 매매(양도·양수) 계약서 등 주권의 분할, 병합, 오손 등의 사유로 인하여 주권의 재발행이나 그 권리의 확인을 청구함에 있어서는 당 회사가 정하는 청구서에 기명날인 또는 서명하고 주권 등 관련 증빙자료를 첨부하여 제출 하여야 한다. ②주식 매매(양도·양수) 계약서등 주권 관련 증빙서류의 상실로 인하여 그 재발행 및 주권의 확인을 요청하는 경우에는 당 회사가 정하는 청구서에 기명날인 또는 서명하고 주금 납입 영수증 등 관련 서류를 첨부하여 제출하여야 한다. ③회사는 주식의 최종 소지인이 주권의 재발행 및 그 권리의 확인 요청이 있는 경우에는 주주명부 및 주식소유지분변경내역서에 의거 주식 수 및 지분율을 확인한 후 확인서를 발급하여야 한다.

제17조(주주 명부의 폐쇄) ①당 회사는 매년 1월 1일부터 정기 주주총회의 종결일까지 주주 명부의 기재의 변경을 정지한다. ②제1항의 경우 이외에 주주 또는 질권자로서 권리를 행사할 자를 확정하기 위하여 필요한 때에는 이사회의 결의에 의하여 주주 명부의 기재의 변경을 정지하고 또는 기준일을 정할 수가 있다. 이 경우에는 그 기간 또는 기준일의 貳주간 전에 공고하는 것으로 한다.

제18조(주주의 주소 등의 신고) 당 회사의 주주 및 등록된 질권자 또는 그 법정대리인이나 대표자는 당 회사가 정하는 서식에 의하여 그의 성명, 주소와 인감을 당 회사에 신고하여야 한다. 신고사항에 변경이 있는 때에는 또한 같다.

제3장 주주총회(겸 구성원 총회)

제19조(소집) ①당 회사의 주주총회(겸 구성원총회)는 영업연도 말일의 다음날부터 3월 이내 에 소집하고 임시총회는 필요한 경우에 수시로 소집한다. ②구성원이 전체 주식에 대한 권리행사를 할 수 있으므로 구성원총회는 상법상 주주총회를 겸할 수 있다. 단, 별도의 주주총회 결의사항이 필요한 경우에는 상법에 의거하여 한다.

제20조(의장) ①대표이사는 주주총회(겸 구성원총회) 의장이 된다. 그러나 대표이사 유고시에는 자주관리위원회에서 선임한 이사가 의장이 된다. ②주주총회의 별도 개최 시 의장은 대표이사가 된다. 그러나 대표이사 유고 시에는 자주관리위원회에서 선임한 이사가 의장이 된다.

제21조(소집권자) ①대표이사는 필요하다고 인정할 때에는 임시총회를 소집할 수 있다. ②대표이사는 구성원의 3분의1 이상이 회의에 부의할 사항을 제시하고 회의의 소집을 요구한 때에는 10일 이내에 회의를 소집하여야 한다. ③전항의 규정에 불구하고 대표이사가 회의 소집을 기피할 경우에 본 규정이 정하는 바에 따라 자주관리위원회를 소집하여 임시총회 소집권자를 지명하여 회의를 소집할 수 있다.

제22조(소집 통지 및 공고) ①정기총회는 회의개최일 2주일 전에 그 일시, 장소 및 회의에 부의할 사항을 서면 발송하되 구성원에 대한 총회 참석 통지는 동일 주소지에 근무하고 있는 점을 감안하여 전항에

의한 공고를 함으로써 서면에 의한 통지를 갈음할 수 있다.

제23조(소집지) 총회는 자주관리기업 소재지에서 개최하되 필요에 따라 이의 인접지역에서도 개최할 수 있다.

제24조(의결방법) ①주주총회의 결의는 법령에 다른 정함이 있는 경우를 제외하고는 출석한 주주의 의결권의 과반수로 하되 발행주식 총수의 4분의 1 이상의 수로 하여야 한다. ②상법상 특별결의사항의 결의는 출석주주 의결권의 3분의 2 이상의 수와 발행주식 총수의 3분의 1 이상이어야 한다. ③주주총회가 구성원총회를 겸할 시에는 재적 구성원 과반수의 출석과 출석 구성원 과반수의 찬성으로 의결한다. 다만, 임원과 자주관리위원의 해임 및 복권, 회사의 합병·분할 또는 해산에 관한 사항은 재적 구성원 과반수의 출석과 출석 구성원 3분의 2 이상의 찬성이 있어야 한다. ④총회는 시내버스 운송사업 특성상 하루에 두 차례로 나누어 개최할 수 있다. 다만, 이 경우 총회 성립 여부 및 의결사항에 대한 표결은 두 번째 개최되는 총회에서 앞서 개최된 총회의 출석인원과 표결결과를 합산하여야 한다.

제25조(의결권) ①모든 구성원은 1인 1개(표)의 의결권을 갖는다. ②구성원총회 투표 결과에 따라 결정된 사항이 주주총회의 부의대상이 될 경우에는 무상양도한 주식의 위임 시 대리권 행사는 구성원총회의 결정사항에 전부 투표한다. ③회사 임원 및 자주관리위원의 해임 및 복권에 관한 사항을 의결할 경우에는 당사자는 표결권이 없다.

제26조(의결사항) 주주총회(겸 구성원총회)에서 의결할 사항은 다음과 같다. ①회사의 임원(대표이사, 이사, 감사)의 선출·해임·복권에 관한 사항, ②자주관리위원의 선출·해임·복권에 관한 사항, ③영업의 양수·양도, 회사의 합병·분할·해산에 관한 사항, ④자주관리기업 정관의 제정 및 개정에 관한 사항, ⑤자주관리위원회에서 총회의 승인이 필요하다고 결정된 사항, ⑥기타 관련법에 정한 사항.

제27조(총회의 의사록) 총회의 의사록에는 의사의 경과 요령과 그 결과를 기재하고 의장 및 출석한 이사, 감사가 기명날인 또는 서명하여야 한다.

제4장 이사회(겸 자주관리위원회)

제28조(지위) ①이사회(겸 자주관리위원회)는 총회 다음으로 회사의 최고 의결기관으로서 회사의 중요한 경영정책을 심의하고 결정한다.

제29조(회사 임원 및 자주관리위원의 선임) ①회사의 임원은 제24조의 결의방법에 의하여 선임한다. 단, 회사 감사의 선임에 있어서는 주주총회의 결의 효력 발생 시 의결권 없는 주식을 제외한 발행주식 총수의 100분의 3을 초과하는 주식을 가지는 주주는 그 초과하는 주식에 관하여는 의결권을 행사하지 못한다. 1. 회사의 이사: 3인 이상, 2. 회사의 감사: 1인 이상, 3. 회사 임원의 임기는 3년이며 임기가 최종 결산기 종료 후 당해 결산기에 관한 주주총회 전에 만료된 경우에는 그 총회의 종결 시까지 그 임기를 연장한다.

②자주관리위원의 구성은 다음과 같다. 1. 회사임원: 회사대표, 선출직이사 및 감사, 2. 노동조합위원장, 3. 구성원총회에서 자주관리위원으로 선출된 8인 4.경영팀 각 부장.

③자주관리위원의 임기는 2년으로 하되 연임할 수 있다.

④자주관리위원이 정직 이상의 징계(교통사고 징계 제외)를 받을 경우 재임 중 자격을 정지한다.

제30조(자주관리위원회 회의소집 방법) ①자주관리위원회의 회의소집 시기는 매월 1회 개최함을 원칙으로 한다. 다만 부득이한 사유발생 시에는 회의소집을 증가하거나 감소할 수 있다. ②회의소집권자는 대표이사이며, 예외적으로 회의를 소집할 수 있는 경우는 다음과 같다. 1. 자주관리위원의 3분의 1 이상이 회의에 부의할 사항을 제시하고 소집을 요구한 때에는 대표이사는 요구일로부터 5일 이내에 회의를 소집하여야 한다. 2. 대표이사가 회의를 소집하지 않은 때에는 노동조합위원장이 5일 이내에 회의를 소집하며, 노동조합위원장이 회의를 소집하지 않은 때에는 소집을 요구한 자주관리위원 3분의 1 이상의 연서명에 의하여 회의소집을 할 수 있다. 3. 자주관리위원회에 대표이사가 불출석시에는 자주관리위원회에서 선임한 위원이 임시 의장이 된다. 단, 임시 의장을 선임하는 자주관리위원회는 자주관리위원 중 연장자가 주재한다.

③소집 공고는 회의 개최 3일 전에 회사 게시판에 공고하고 정한 방법에 따라 소집한다.

④이사회를 별도로 개최하는 경우에는 법에서 정한 바에 따른다.

제31조(의결사항) ①이사회(겸 자주관리위원회)의 의결사항은 다음과 같다. 1. 회사의 주요 재산 구입 및 매각에 관한 사항, 2. 회사의 경영예산 및 결산에 관한 사항, 3. 주요 채권·채무의 처리에 관한 사항, 4. 주식 변동에 관한 사항, 5. 각종 제도·규정·시행세칙의 제정 및 개정에 관한 사항, 6. 각종 위원회 위원의 선출, 7. 총회의 승인을 요하는 사항의 제안, 8. 대표이사 선집행사항의 사후 추인. ②보고사항 1. 영업실적, 2. 사업계획, 3. 감사결과 보고, 4. 대리급 이상 구성원의 인사.

제32조(의결방법) 이사회(겸 자주관리위원회)의 결정은 재적위원 과반수의 출석과 출석위원 과반수의 찬성으로 의결한다.

제33조(회의 의사록 작성) 이사회(겸 자주관리위원회)의 의사록에는 회의의 경과 요령과 그 결과를 기재하고 출석한 위원의 기명날인 또는 서명하여야 한다.

제34조(회사 임원 및 부서장) ①회사의 임원 및 부서장, 1. 회사는 대표이사 1인과 구성원총회에서 선출된 비상임이사 1인, 감사 1인, 자주관리위원회에서 추천한 비상임이사 1인의 회사 임원을 구성하며, 경영관리팀은 각 부서의 부서장과 부서원으로 구성한다. 2. 대표이사를 포함한 회사 임원은 구성원총회에서 선출하고, 회사 임원을 제외한 구성원은 대표이사가 선임한다. 3. 대표이사는 회사를 대표하며 모든 업무를 통할한다.

제35조(자주관리위원의 권리와 의무) ①자주관리위원회 참석 및 의결권을 갖는다. ②자주관리위원회의 의결된 시항에 대하여 책임과 조직

적 실천을 도모해야 한다. ③자주관리기업 정신에 위배되는 행위나 기업의 존립에 위해가 되는 행위를 하여서는 아니된다. ④사적 영리 의 목적으로 위원 자격을 도용해서는 아니된다. ⑤규정에 따라 자주 관리기업을 위하여 그 직무를 충실하게 수행하여야 한다. ⑥재임 중 뿐만 아니라 퇴임 후에도 직무상 알게 된 회사의 업무상 비밀을 누 설하여서는 아니된다.

제36조(사후 추인) 대표이사는 회사의 이익을 위해 시급사항 또는 보 안사항에 대하여는 제31조의 규정에 불구하고 자주관리위원회의 의결에 갈음하여 노동조합위원장의 협의를 거쳐 관련 사항을 집행 할 수 있다. 다만, 사후 자주관리위원회를 소집하여 추인을 득하여 야 한다.

제37조(대표이사의 거부권과 재의결) ①대표이사는 자주관리위원회의 의결에 불구하고 의결일로부터 3일 이내에 거부권을 행사할 수 있 다. ②전 항의 규정에 따라 거부권을 행사하는 경우에 대표이사는 거부사항과 그 이유, 향후 계획 등을 구체적으로 명시하여 공고하여 야 한다. ③자주관리위원회는 대표이사의 거부권 행사 시 제30조에 의거 자주관리위원회를 소집하여 동일 사항을 재의결한다. ④대표 이사는 전 항의 규정에 의한 재의결사항이 출석위원 3분의 2 이상 동의되면 거부권을 행사할 수 없다.

제38조(각종 위원회) ①자주관리위원회의 산하에 독립적 운영이 보장 되는 각종 위원회를 두어 총회 및 위원회의 결정사항에 대한 원활하 고 효율적인 업무의 집행 및 추진을 돕도록 한다. ②각종 위원회 구

성은 아래와 같다.

1. 인사위원회: 자주관리협약상의 인사위원회를 구성하여 운영한다. 2. 자주관리공동결정위원회: 자주관리기업 정신에 의거 정관을 비롯한 각종 규정 개정 및 전체 구성원의 노동조건, 임금, 복지, 복무 규율 등의 총회 상정 부의안을 조정·결정한다. 노동협약, 경영협약, 임금협약이 포함되며 이는 노동조합및노동관계조정법과 근로기준법상의 단체협약 및 취업규칙과 동일한 효력을 갖는다. 3. 공동복지위원회: 전체 구성원 대상의 후생복지 증진에 기여함을 목적으로 기금마련 및 운용을 하도록 한다. 4. 선거관리위원회: 전체 구성원을 대상으로 경영에 관한 선거를 관장하는 선거관리규정에 의거하여 적용·운영된다. 5. 채용평가위원회: 신입 승무원의 채용을 위해 '승무원공개채용및응시자평가규정'에 따라 구성·운영된다. 6. 자주관리위원회는 근로자참여와협력증진에관한법률의 '노사협의회' 지위를 겸한다. ③전 항 위원회의 조직·운영 등에 관한 사항은 해당 위원회의 규정 또는 협약 등에 따른다.

제39조(감사의 직무) ①감사는 매년 1회 이상 회사의 회계감사를 실시하고 그 내용과 감사결과를 전체 구성원에게 공개하여야 한다. ②감사는 필요하다고 인정할 경우에는 회사의 회계감사를 실시하고 그 결과를 공개할 수 있다. ③감사는 회계감사와 업무감사를 병행하며 이를 위해 감사팀을 구성할 수 있다. ④감사팀의 구성은 감사와 감사 및 자주관리위원회에서 추천한 4인 이내로 한다. ⑤감사는 구성원의 과반수의 동의가 있는 경우 즉시 특별감사를 실시하여야 한다.

제40조(임원의 보수) 주주총회(겸 구성원총회)에서 정함을 원칙으로 하되 주주총회(겸 구성원총회)의 위임결의에 따라 자주관리공동결정위원회에서 결정한다.

제5장 계산

제41조(영업연도) 당 회사의 영업연도는 매년 1월 1일부터 동년 12월 31일까지로 한다.

제42조(재무제표·영업보고서의 작성 비치) ①당 회사의 대표이사는 정기총회 회일 六주간 전에 다음 서류와 그 부속명세서 및 영업보고서를 작성하여 이사회의 승인과 감사의 감사를 받아 정기총회에 제출하여야 한다. 1. 대차대조표, 2. 손익계산서, 3. 이익금처분계산서 및 결손금처리계산서. ②감사는 제1항의 서류를 받은 날부터 4주간 이내에 감사보고서를 작성하여 이사회(겸 자주관리위원회)에 제출하여야 한다. ③제1항의 서류는 영업보고서, 감사보고서와 함께 정기총회 壹주간 전부터 당 회사의 본점과 지점에 비치하여야 하고 총회의 승인을 얻었을 때에는 그중 대차대조표와 감사의견을 지체 없이 공고하여야 한다.

제43조(이익금의 처분) 당 회사는 매 사업연도의 처분 전 이익잉여금을 다음과 같이 처분한다. 1. 이익준비금, 2. 기타의 법정 적립금, 3. 배당금, 4. 임의 적립금, 5. 기타 이익잉여금 처분액.

제44조(이익 배당) 이익배당금은 매 결산기에 있어서의 주주 명부에

기재된 주주 또는 등록된 질권자에게 지급한다. 단, 장기적으로는
주식의 균등 소유를 통해 자주관리기업 정신의 실현을 도모한다.

부칙

제1조(최초의 영업연도) 당 회사의 최초의 영업연도는 회사 설립일로
부터 동년 12월 31일까지로 한다.

제2조(발기인) 발기인의 성명, 주민등록번호 및 주소와 그가 설립 시
에 인수한 주식 수는 이 정관 말미에 기재함과 같다.

제3조(준거 규정) 이 정관에 규정하지 아니한 사항은 주주총회의 결
의나 상법 등 관련 법령에 따른다.

제4조(시행일) 이 정관은 2001년 1월 1일부터 시행한다. 이 정관은
2001년 1월 17일부터 개정 시행한다. 이 정관은 2001년 2월 17일부
터 개정 시행한다. 이 정관은 2006년 3월 31일부터 개정 시행한다.
이 정관은 2009년 1월 1일부터 개정 시행한다. 이 정관은 2010년 08
월13일부터 개정 시행한다. 이 정관은 2011년 08월 25일부터 개정
시행한다. 이 정관은 2014년 10월 10일부터 개정 시행한다.

제5조(특례조항) 자주관리 정관 시행일 이전에 선출되어야 하는 제1
기 자주관리위원은 예외로 한다.

제6조(이사 임기에 관한 특례조항) 정관 제34조 제1항 제1호에 의해 선출
된 노동조합 파견이사는 2012년 12월 5일까지 종전 규정을 적용받
는다.

위와 같이 우진교통주식회사 회사를 설립하기 위하여 이 정관을 작성하고 발기인 전원이 이에 기명날인 또는 서명한다.

발기인 개인 정보 생략.

각종 직무자치위원회 운영규정

(2009. 5. 29)

제1장 총칙

제1조(목적) 각종 위원회는 자주관리 정관에서 정한 구성원총회 및 자주관리위원회의 결정사항에 대한 원활하고 효율적인 업무의 집행 및 추진을 위해 구성되었으며 본 규정은 위원회의 질서를 유지하고 민주적이고 합리적인 운영을 목적으로 한다.

제2조(적용) 본 규정은 각종 위원회에 적용한다.

제2장 각종 위원회의 운영

제3조(구성) 자주관리위원회에서 선출된 위원으로 아래와 같이 구성

한다. 1. 인사위원회: 회사 대표와 노동조합위원장 및 자주관리위원회에서 선출된 5명 이내의 위원으로 구성하며 위원장은 회사 대표로 한다. 2. 자주관리공동결정위원회: 회사 대표와 노동조합위원장 및 자주관리위원회에서 선출된 6명 이내의 위원으로 구성하며 위원장은 회사 대표로 한다. 3. 공동복지위원회: 노동조합 파견이사 및 자주관리위원회에서 선출된 4명 이내의 위원으로 구성하며 위원장은 파견이사로 한다. 4. 선거관리위원회: 자주관리위원회에서 선출한 3명 이내의 위원으로 구성하며 위원장은 자주관리위원회에서 선임한다.

제4조(위원회의 독립성 및 위원의 신분 보장) 1. 자주관리 정관 및 협약 등에서 정하여진 사항에 대하여 위원회가 결정한 것에 대하여는 그 효력이 있다. 2. 각종 위원에 선임된 위원들은 본 규정에 의하여 그 권한과 책임이 있다.

제5조(위원회의 운영) 위원회의 모든 결정은 별도 규정에서 정하여진 사항 외에는 재적위원의 과반수 이상 출석과 출석위원의 과반수 이상의 찬성으로 결정한다.

제3장 위원회의 성립

제6조(회의의 성립) 회의는 재적인원 과반수 이상의 출석으로 성립된다.

제7조(개회) 회의는 성원 보고가 있은 후에 개회한다.

제8조(비밀 보장) 각종 위원회의 위원 및 간사는 직무상 획득한 회사의 업무상 비밀을 지켜야한다.

제4장 위원장 및 회의 진행

제9조(위원장) ①위원장은 각종 위원회 소속 위원 중에서 자주관리위원회에서 선출한다. ②각종 위원회의 진행은 위원장이 의장이 되며 위원장 유고시에는 자주관리위원회에서 재선출한다.

제10조(의장의 권한과 의무) ①의장은 이 규정에 따라 공정하고 효율적으로 위원회의 회의를 운영해야 한다. ②의사결정에 있어서 가부 동수인 경우에는 의장이 결정할 수 있다. ③의장은 다음에 의하여 회의를 진행한다. 1. 회의의 성립을 선언한다. 2. 회의 일정에 따라 회의를 운영한다. 3. 위원 전원이 참여하는 합리적인 의사결정이 되도록 하여야 한다. 4. 발언자가 없는 경우 지명할 수 있다. 5. 의결사항에 대하여는 회사 대표에게 보고하고 구성원에게 정확히 전달되도록 한다. 6. 위원의 동의 없는 의장의 의사결정은 무효로 한다. 7. 회의의 폐회를 선언한다.

제11조(의안의 심의) 의안의 심의는 다음의 순서에 의한다. ①제안자의 제안 설명, ②질의응답, ③토론, ④의안 결정.

제12조(발언) ①발언하고자 하는 위원은 의장의 승인을 얻어 발언한다. ②발언은 의제 범위 내에서만 한다. 만일 발언이 의제 범위를 벗어났을 때는 의장은 발언을 중지시킬 수 있다.

제13조(토론) 토론을 하고자 하는 위원은 반대 또는 찬성의 취지를 밝히고 발언하여야 하며 토론에 있어서 의장은 가능한 한 찬성자와 반대자를 교대로 지명하여야 한다.

제14조(토론의 종결) 의장은 질의 또는 토론의 유무를 성원에게 물어서 이의가 없을 때에 질의 및 토론의 종결을 선언한다.

제15조(일사부재의) 부결된 안건은 내용을 보충하지 않고 같은 날 회의 중에 다시 발의 또는 제출하지 못한다.

제16조(표결의 순서) 표결의 순서는 최후 수정안, 원안과 차이가 많은 수정안 순으로 표결하며 수정안이 전부 부결된 때에는 원안을 표결한다.

제17조(표결의 방법) 표결의 방법은 위원회의 결정에 의해 다음의 하나로 한다. 가. 거수, 나. 기명투표, 다. 무기명투표.

제5장 간사 및 회의록

제18조(간사) ①각종 위원회의 회의에는 소속 위원과는 별도로 간사를 두어야 한다. ②간사는 위원회의 성원에 포함되지 않으므로 발의 및 의사결정 권한이 없다.

제19조(간사의 업무) 간사는 회의 시 다음과 같은 업무를 처리한다. ①출석인원의 확인, ②회의 중 일체의 의사록 기록, ③회의록 작성 및 위원들의 서명 확인, ④기타 회의 진행 관련 필요한 사항.

제20조(회의록의 내용) 회의록에는 다음 사항을 기재한다. ①회의의

종류, ②회의의 일시 및 장소, ③출석자의 성명, ④의제 및 진행 내용, ⑤표결 가부의 수, ⑥회의 결정사항, ⑦기타 중요사항.

부칙

제1조(시행일) 본 규정은 제정일로부터 시행한다.
제2조(위원의 교체) 위원이 정당한 사유 없이 3회 이상 불참할 경우 자주관리위원회에 위원의 교체를 요구할 수 있다.
제3조(위임 규정) 위원회 운영과 관련하여 별도 정하여진 경우에는 그에 따른다.

개정 직무자치규정

(2017. 12. 1.)

전문

본 규정은 노동자자주관리기업 정신에 따라 전체 구성원이 동등한 권리와 의무로부터 자주관리기업의 민주적 운영체계에 참여하는 것과 더불어 노동의 과정에서 자율과 책임으로 직무자치를 실천함으로써 노동의 주체로 노동의 가치를 실현하고 이를 통해 노동자평의회로의 발전적 변화를 도모하여 자주관리기업의 안정적 체계 정립에 이바지하는 데 그 목적이 있다.

제1장 총칙

제1조(목적)
①노동과정 전반에 능동적으로 참여함으로써 책임 있는 자율을 실천한다.
②노동의 주체로서 의사결정과 실천에 민주집중적 자세를 구현한다.
③노동의 가치를 실현함으로써 진정한 노동자의 삶과 문화를 정립한다.
제2조(적용) 본 규정은 우진교통 내에 있는 현장자치모임 운영에 적용한다.

제2장 현장자치모임 구성 및 운영

제3조(구성)
①우진교통의 구성원은 직무자치의 수행을 위해 현장자치모임의 일원이 되어 활동한다.
②현장자치모임은 직무자치의 기본 단위로 승무직, 정비직, 사무관리직 등 직군별 노동조건에 따라 구성한다.
③현장자치모임은 1개 조당 20명 내외로 구성한다.
제4조(운영)
①현장자치모임은 월 1회 이상의 '정기모임'을 운영한다.

단, 정비직 및 사무직의 현장자치모임의 운영은 각 직군별 상황에 맞게 운영할 수 있다.

② 정기모임 중 사업의 성과와 평가, 필요 사안에 대해 회사 주체의 '현장자치모임 분기별 회의'를 운영할 수 있다. 단, 사안에 따라 일정과 참석범위가 조정될 수 있다.

제5조(역할)

1. 노동과정에서 발생하는 다양한 사항에 대한 논의

2. 현장자치모임에서 상정하는 안건의 논의

3. 자치위원회 결정사항에 대한 공유와 논의

제6조(현장자치 조원의 권리와 의무)

1. 노동자자주관리기업의 운영원리인 민주집중적인 의사결정과 실천의 역할을 수행한다.

2. 현장자치모임 활동과 회의에 참여하며 발언과 의결의 권리가 부여된다.

단, 현장자치모임 활동의 적극성 정도에 따라 각각 포상할 수 있다.

제7조(조장, 총무)

1. 현장자치모임은 각 조별로 조장과 총무를 둔다.

2. 조장, 총무의 임기는 1년이며 매년 말인 12월 중에 해당 자치모임별로 선출한다.

3. 조장, 총무의 유고시 한 달 이내에 재선출한다.

제8조(권한과 의무)

1. 조장은 현장자치모임의 정기모임을 운영하며 총무는 이를 보좌

한다.

2. 조장, 총무는 자치위원회에 의무적으로 참여하며 정기모임의 회의결과를 보고하고 자치위원회의 회의결과를 정기모임에 보고한다.

3. 조장, 총무는 결정된 사항에 대해 적극 실천을 도모한다.

4. 조장, 총무는 현장에서 일어날 수 있는 업무나 운행흐름(간격 조절) 등을 조절, 원활하게 할 수 있도록 지도할 권한을 갖는다.

5. 조장, 총무의 활동비로 월별 일정액을 지급한다.

단, 제10조의 구성 및 운영에 해당되는 조장, 총무에 한한다.

제3장 자치위원회(현장자치위원회) **구성 및 운영**

제9조(자치위원회 구성 및 운영)

① 직군별 '자치위원회'를 구성·운영할 수 있다.

단, 승무직은 명칭을 '현장자치위원회'로 통합하여 운영한다.

② 정비직 및 사무관리직 자치위원회를 운영할 경우 현장자치모임에 해당 부서장을 위원장으로 하여 구성한다.

③ 각 부서별, 조별의 화합이나 의견조율을 위해 '자치위원회연석회의'(이하 '연석회의')를 구성·운영할 수 있다.

제10조(현장자치위원회 구성 및 운영)

① 현장자치위원회는 월 1회 이상의 정기회의를 개최한다.

② 현장자치위원회 위원은 현장자치모임의 조장, 총무 그리고 해당

부서의 부서장으로 구성하며, 실무책임자 1인(간사)을 둔다.

③현장자치위원회 위원장은 해당 부서장으로 하며 회의를 주재한다. 또한 노동조합 사무국장은 회의에 공식 참관한다.

제11조(역할)

①직무자치에 관련되는 제반 사항에 대한 논의

②현장자치모임에서 상정한 사항에 대한 논의

③해당 부서에서 상정한 사항에 대한 논의

제12조(연석회의 구성)

①연석회의는 현장자치위원회와 정비직, 사무관리직 현장자치모임의 조장, 총무와 부서장으로 구성한다.

②연 1회 이상 '자치위원회 연석회의'를 개최한다.

③연석회의의 의장은 대표이사로 하며 부의장은 노동조합위원장으로 한다.

제13조(연석회의 권한) 연석회의는 활성화된 내부 토론과 민주적 의사결정을 통해 현장의 노동과정과 주요 정책에 대한 결정권을 갖는다.

단, 그 결정의 범위는 정관 및 자주관리협약의 범위를 상회할 수 없다.

제14조(의결방법) 직무자치 업무와 관련된 결의는 재적인원의 과반수 출석과 출석인원 과반수의 찬성으로 한다.

부칙

제1조(시행일) 본 규정은 2011년 12월 01일로부터 시행한다.

제2조(시행일) 본 규정은 2017년 12월 01일로부터 시행한다.

제3조(준용규정) 직무자치운영 관련하여 회사 정관 및 규정 등에 위배되지 않아야 하며 관련 규정을 준용한다.